THEATRE
D'UN POËTE
DE SYBARIS,

Traduit pour la première fois du Grec,

THÉATRE
D'UN POËTE DE SYBARIS,

Traduit pour la première fois du Grec,

AVEC DES COMMENTAIRES, DES VARIANTES, ET DES NOTES,

POUR SERVIR DE SUPPLÉMENT AU THÉATRE DES GRECS.

TOME PREMIER.

A SYBARIS,

ET SE TROUVE A PARIS,
Chez les Libraires qui vendent des Nouveautés.

1788.

Sophocle & Corneille, Euripide & Racine, Térence & Molière, semblent avoir fait taire toutes les renommées dramatiques. Leurs Œuvres, entre les mains de tout le monde, tiennent l'empire du goût, comme les antiques Navigateurs de Tyr & de Carthage tenaient l'empire des mers. Ce n'est donc qu'en tremblant, que j'envoie ma frêle Nacelle, au milieu de tous ces gros Vaisseaux de guerre qui croisent dans les parages de la Littérature. Il ne me convenait pas d'affronter, en mon nom, les vents & les Pirates ; aussi je lui ai recommandé d'arborer, au moindre danger, le Pavillon d'un de ces Dominateurs des mers; & comme mon humble Théâtre renferme des Tragédies & des Comédies, j'ai placé à cet effet, dans la Nacelle, des Pavillons de rechange. Il viendra, sans doute, des Corsaires qui, trompés par la faiblesse de mon Bâtiment, lui demanderont le salut, & il le refusera, non parce qu'il peut soutenir l'abordage, mais parce qu'il porte des Soldats qui sont à la solde de Térence ou d'Euripide.

Eh! comment pourrais-je, sans guide, m'introduire sur la Scène? Je descends des nues comme un dénouement d'Aristophane. Les Almanachs des Muses, ni les Boudoirs des Belles n'ont jamais vu éclore de mes Vers. Je n'ai point loué, à la manière d'Horace, des Hommes en faveur, pour des vertus qu'ils dédaignaient : je me suis encore moins permis des injures anonymes contre les Académies qui ne me couronnaient pas. Ma plume est aussi neuve que mon cœur ; & si je suis accueilli dans une Capitale où l'on est blasé sur toutes les jouissances, ce ne sera probablement que par le petit nombre d'hommes indulgens, qui pardonnent tout à la jeunesse en faveur de la virginité.

J'ai encore un moyen d'adoucir, je ne dis pas de désarmer l'envie. Mon Théâtre n'est point à moi : je n'offre au Public que la traduction d'un Poëte de la grande Grèce, mort il y a plus de dix-huit siècles, & qui probablement serait resté mort pour les dernières générations humaines, sans un Sçavant demi-Grec, demi-Egyptien, qui sauva, aux dépens de son turban & de sa chevelure, le Manuscrit Sybarite, des flammes d'un immense bûcher, ainsi qu'on le verra bientôt dans ma Préface: si cependant la stérile abondance de *Dorat* n'a pas tout-à-fait dégoûté les Parisiens de lire des Préfaces.

Cette juste défiance que j'ai de mes forces, n'est rien moins que poétique, je le sais : on est accoutumé, depuis le siècle d'Alexandre, à voir le nourrisson des Muses, ériger sa propre Statue sur sa base. Aristophane disait aux Athéniens, dans sa Farce des Nuées : *Si vous m'applaudissez comme je le mérite, je promets de vous regarder comme des hommes de goût par excellence.* Horace assurait dans ses Odes, à un Ministre Sybarite & goutteux, que s'il avait son suffrage, *il atteindrait de son front sublime la hauteur du Firmament.* Cet égoïsme est sans conséquence, & il est reçu dans la société, que l'Ecrivain qui se loue en Vers, ne blesse point la vanité des autres, comme celui qui se loue en Prose.

Pour moi j'avoue que je suis modeste, parce que je ne suis point Poëte. Eh! comment en prendrais-je le titre, entouré des chefs-d'œuvres du siècle de Louis XIV, qui atteſtent à la fois le génie de leurs Auteurs & mon impuiſſance !

Si du moins je pouvais me flatter d'avoir rendu mon Poëte Sybarite avec autant d'élégance que l'Homme de goût, qui a eu le courage de faire applaudir, ſur la Scène Françaiſe, le Philoctète de Sophocle, malgré la ſimplicité de l'intrigue & l'invraiſemblance du dénouement !

Si j'avais une étincelle du beau génie qui anime le charmant Traducteur des Géorgiques, génie qu'il a fait paſſer dans ſon Poëme des Jardins, quoi qu'en diſent les Viſigoths, qui n'aiment ni les vers ni les jardins !

Notre langue, toute rebelle qu'elle paraît à la verve des Homère & des Horace, se prête à tout, quand elle est maniée par le talent supérieur. Je demande pardon à la cendre des morts, si je loue mes Contemporains; mais les Bourdic & les Parny ont façonné le Français à l'Idylle, autant que la trop célèbre Deshoulières. Thompson n'a pas donné à la poésie descriptive, les grâces variées de notre Saint-Lambert. Un Duc aimable qu'on ne cesse de louer, que quand on cesse d'avoir du goût, a trouvé des palmes à moissonner dans les champs de la Fable, après Ésope & la Fontaine.

Voltaire n'a point laissé le trône de

la Tragédie vacant : il y a encore de bons esprits qui préfèrent la Comédie de caractère, aux niaiseries sentimentales & aux spectacles d'échafaud. Les porte-feuilles de nos Amateurs sont pleins de Poëmes charmans, qui respirent le goût le plus pur, & qu'on sait par cœur, quoiqu'ils n'aillent pas grossir la foule des enfans morts-nés, qu'on voit éclore à chaque instant dans le Mercure & les Almanachs.

Au milieu de tant de Poëtes, dignes de ce nom, je ne serais, tout au plus, que l'ombre de Sofie. J'aime mieux une place plus distinguée dans un rang plus bas, & être cité comme un bon Traducteur, que de rester faible Poëte, qui ne sera jamais cité de personne. J'aime assez la devise de ce César, qui aima les femmes en Sybarite, & la gloire en Romain : *Il y a moins de gloire à être le second dans la Capitale du Monde, que d'être le premier dans son Village.*

Ma vanité me dira peut-être que j'ai ennobli le rôle de Traducteur, en mêlant avec mes Pièces de Théâtre Grecques, de petites dissertations littéraires, qui ne sont pas dans le Manuscrit Sybarite; mais ma vanité pourrait être trompée dans son attente : la moitié des Lecteurs passera mes Mélanges, les prenant pour des Préfaces.

Encore des Mélanges où l'on s'abandonne au vague de son imagination, où l'on se joue exprès de son sujet, où l'on rêve pour tenir le Lecteur éveillé, ne promettent pas un succès aisé. Si on n'a pas l'art de cacher la profondeur de Montaigne sous l'originalité de Sterne, ou sous les grâces piquantes de Voltaire, on court le danger de voir son Ouvrage à côté des Mélanges de l'Abbé Trublet, qui n'ont guère été connus que de lui & de son Libraire.

J'avais cru d'abord, avec Madame de Sevigné, qu'on pouvait faire un bon livre quand on sçavait s'entretenir avec ses Lecteurs en homme de bonne compagnie ; Bossuet, Fénelon, Paschal, Voltaire & Montesquieu m'ont désabusé.

Se pénétrer du nombre & de l'harmonie des Anciens, sans les traduire; connaître toutes les finesses de sa langue, sans affecter le pédantisme d'un Grammairien; emprunter du fonds de son sujet, le style qu'il exige, & non lui donner le sien; offrir sans cesse des idées neuves, ou du moins rajeunir les idées vulgaires par une diction piquante & animée, voilà ce qui fait vivre un Ouvrage, soit qu'on soit homme de bonne compagnie, comme César, Bacon & la Rochefoucaut; soit qu'on ait le malheur de ne pas la connaître, comme notre immortel Jean-Jacques, qui ne vivait qu'avec lui-même, ou Homère, qui mendiait son pain en créant son Iliade,

Contraste insuffisant

NF Z 43-120-14

Les bons Ouvrages de nos Auteurs classiques ont rendu ce siècle aussi difficile sur la Prose, que le précédent l'était sur les Vers. Le Chancelier d'Aguesseau, qu'on a grand tort de ne plus lire, prenait autant de peine à arrondir une période oratoire, que Racine, qu'on lira toujours, à donner un coloris français aux belles scènes d'Euripide. Demandez à l'ingénieux Auteur de Bélisaire, s'il ne lui en a pas beaucoup coûté pour vivifier, par un style pittoresque, ses nombreux Ouvrages : consultez sur le même problême le Philosophe sensible, qui a jeté tant d'idées fines & neuves dans son livre de la *Félicité publique* : interrogez sur-tout l'Académicien célèbre, qui a hérité de la place de Fontenelle & de son génie, pour l'effacer un jour : tous conviendront qu'il est très-difficile d'écrire bien en Prose, quand on va à la gloire par la route ordinaire des Grands Hommes, & non en instruisant les Perroquets de la Littérature à répéter que Psaphon est Dieu.

J'ai peut-être prononcé ma sentence. Instruit, comme je l'étais, de l'impossibilité de faire un Livre classique à mon âge, je ne devais écrire ni en Vers ni en Prose.

Mon enthousiasme pour le Poëte de Sybaris l'a emporté ; j'ai cru qu'un faible rayon de fa gloire rejaillirait jufque fur fon Traducteur. J'ai imaginé qu'en me cachant, comme Ganymède, fous les ailes de l'aigle, je participerais en quelque chofe au vol rapide, & peut-être à l'immortalité de Jupiter.

HISTOIRE

DE LA DÉCOUVERTE

DU MANUSCRIT SYBARITE.

J'ÉTAIS très-lié, comme le sçavent tous les Citoyens de Genève, avec l'immortel Jean-Jacques, que je n'ai jamais vu. Le hasard lui avait procuré la lecture de mon Manuscrit de trente pages, sur les moyens de faire de l'Encyclopédie un excellent ouvrage, l'an 3520 de notre ère vulgaire. Il y avait découvert le germe de quelques-unes de ses idées philosophiques; & le Sage, toujours conséquent, se flattait bien de faire un jour de moi un ami de la Vérité & un ennemi des Philosophes.

Il s'était formé entre nous, pendant sa retraite à Erménonville, une correspondance assez régulière ; mais c'était à condition que la barrière qui séparait nos deux personnes ne serait jamais rompue. « J'aime assez la nature humaine, m'écrivait-il, mais les hommes me sont odieux ; ils n'ont de la franchise que dans ce qu'ils écrivent pour la postérité, & je les fuis pour ne vivre désormais qu'avec quelques-uns de leurs livres, & sur-tout avec moi-même. Je vois avec un charme inexprimable la candeur de votre âge, votre enthousiasme pour le vrai, peut-être même votre faible pour les ouvrages auxquels je dois ma célébrité & mes malheurs. Mais tout ce qui m'a fréquenté a cherché à me nuire, & afin de continuer à vous estimer, je dois renoncer à vous voir. »

Je n'ai point cherché à rompre mon ban, & Jean-Jacques, jusqu'à sa mort, a été pour moi le Dieu inconnu auquel Athènes érigea un autel.

Enfin, le 24 Février 1776, jour choisi par le Philosophe de Genêve, pour placer sur l'autel de Notre-Dame les fameux dialogues où il dévoue à la haine publique une foule d'ennemis qu'il n'avait pas, un étranger vint m'apporter, avec mystère, de sa part, un paquet cacheté, avec ordre de ne l'ouvrir que cinq ans après la mort du vertueux Misanthrope. La suscription portait : *A l'Homme qui aura le courage d'apprendre l'histoire de ce Manuscrit, en déchirant ses enveloppes.*

Mon illustre Ami mourut le 2 Juillet 1778, & sa tombe, en se fermant, engloutit l'Envie, qui cherchait encore à troubler sa cendre. Le 2 Juillet 1783, je me rendis à Erménonville dans l'isle des Peupliers. Alors, courbé sur le Mausolée du Sage de la Nature, je pris, avec une palpitation de cœur, dont je ne pus me défendre, le Manuscrit dont j'étais le dépositaire, & je déchirai la première enveloppe.

Un nouveau cachet me parut fermer le Manuscrit. On lisait, en gros caractères, autour du sceau : *Fontenelle, à l'Homme que sa patrie & son ame rendront doublement Républicain.* Jean-Jacques étoit cet homme, & je vis bien que le paquet avait été remis à son adresse.

Je rêvais sur la bizarrerie d'événemens, qui avait pu lier ensemble une ame de feu avec le plus froid & le plus apathique des Philosophes, lorsqu'un mouvement machinal me fit retourner le paquet : je lus alors, sur le revers de l'enveloppe, ces mots tracés de la main de l'ingénieux Historien de l'Académie.

" On menace d'une mort cruelle le dépositaire

„ Indiscret qui ouvrira ce Manuscrit : je ne
„ crois point à la boîte de Pandore ; & la
„ curiosité, devenue une arme entre les mains
„ du Philosophe, ne tue que les préjugés.
„ Cependant, dans le calcul des probabilités
„ morales, quand il s'agit d'affronter un danger
„ éminent, sans qu'il en résulte un puissant
„ intérêt, n'y eût-il à redouter que l'unité
„ contre cent mille, le Sage ne doit point s'y
„ exposer. D'ailleurs, si ce Manuscrit renferme
„ des vérités terribles, à quoi bon le feuil-
„ leter ? L'homme n'est fait que pour les douces
„ erreurs, qui le bercent dans le songe fugitif
„ de la vie ; & si la Nature avait renfermé toutes
„ les vérités dans ma main, je me garderais
„ bien de l'ouvrir, pour me donner des lumières
„ fatales & m'ôter à la fois mon bonheur &
„ mon bandeau. „

A mon âge, on ne craint ni les lumières,
ni les dangers, & sans me donner le temps de

la réflexion, je brisai le cachet de Fontenelle.

Le Manuscrit, à ma grande surprise, ne parut pas encore. A la place, je vis une espèce d'amulette entouré de plusieurs bandes de parchemin qui se croisaient d'une façon mystérieuse ; on appercevait, à la négligence des plis, que cette espèce de sceau avait été ouvert, & ensuite rétabli. Impatient d'arriver à la découverre de mon trésor littéraire, je rompis le nœud gordien au lieu de le dénouer, & voici ce que je lus dans l'amulette.

" La mort dont on veut m'effrayer n'est pas
,, plus cruelle que ma vie. Je vois sans cesse
,, un abyme derrière mon fauteuil ; & je serais
,, trop heureux si, en m'y précipitant, j'entraî-
,, nais avec moi les esprits forts, que je démasque
dans mes *Pensées*, & les Jésuites que je fou-
,, droie dans mes *Provinciales*. "

Blaise Pascal était un grand homme. C'est lui qui a ouvert le siècle de Louis XIV. Il faut chercher son génie, non dans ses amulettes, mais dans ses pensées, dans son Traité de la Roulette, & sur-tout dans ses Satyres immortelles contre une Société qui n'est plus.

Avec l'amulette tomba l'enveloppe, & je vis sur la nouvelle adresse, que le Philosophe qui avait fait l'envoi, était cet infortuné Galilée qui, après avoir découvert par la force de son génie, que notre globe tournait autour du soleil, fut obligé, à l'âge de quatre-vingts ans, de demander pardon au grand Inquisiteur d'avoir eu raison en Astronomie.

Et cependant la Terre, à sa course fidelle,
Emportait Galilée & son juge avec elle (1).

---

(1) Racine le fils, *Poëme sur la Religion*.

Galilée avait reçu le Manuscrit du Raisonneur par excellence, de Montaigne, qui le tenait du fou Philosophe Rabelais. Ce n'était pas la perspective d'une mort prématurée, qui avait engagé l'Auteur des *Essais* & celui de *Gargantua* à respecter leur dépôt, mais seulement (comme ils le disaient eux-mêmes) leur incuriosité. L'illustre Sceptique de Bordeaux s'était habitué à reposer nonchalamment *sur l'oreiller de l'insouciance*. Pour le facétieux Curé de Meudon, on sait qu'ayant passé sa vie épicurienne à se jouer de tout, il la termina en disant : *je vais chercher un grand peut-être.*

Rabelais, étant fort jeune, avait suivi le Cardinal du Bellay dans son ambassade de Rome. Ce fut à cette époque, sans doute, qu'il se lia avec ce Pic de la Mirandole, qui, à 18 ans, savait vingt-deux langues, & cinq ans après soutint la thèse célèbre, où il annonçait à l'Europe entière que sa tête était une Encyclopédie.

Il n'est pas bien prouvé, malgré tous ces prodiges littéraires, que la Mirandole fut un grand homme ; mais ce qui me semble à l'abri de tout scepticisme, c'est qu'il légua à Rabelais le dangereux Manuscrit que le Pogge lui avait légué à lui-même.

Au nom du Pogge, je me rappelai que ce fameux historien de Florence avait déterré dans les monastères de la Suisse des chefs-d'œuvres de l'antiquité, tels que le Poëme de Lucrèce & le beau Traité d'Eloquence de Quintilien ; & je me flattai de tenir le dernier anneau de la chaîne qui devait me conduire à la découverte de mon Manuscrit. Une nouvelle enveloppe me désabusa ; j'y lus, en italien, ces mots écrits & signés par Bocace.

" Si le Pogge, mon ami, voulait courir le
,, danger d'être pilé vif dans un mortier de
,, bronze, il romprait ce cachet : Cet acte de

,, courage peut procurer autant de gloire, mais
,, moins de profit, que de faire mon *Decameron*. ,,

La menace d'être pilé vif dans un mortier me parut un peu étrange. Il me semblait que quand l'ouvrage proscrit serait un manifeste pour détrôner Dieu, un *Syſtème de la Nature*, il n'y aurait encore aucune proportion entre le crime de le lire & un supplice aussi effrayant. A force de réfléchir, je soupçonnai que l'atrocité de la menace en prouvait la futilité, & je continuai à déchirer les enveloppes.

Il me parut que le Manuscrit avait beaucoup voyagé avant d'arriver à Bocace. Le Médecin Arabe Avicenne, le même qui eut la patience de lire, quarante fois de suite, la Métaphysique d'Aristote, sans l'entendre, en avait fait présent à un certain poëte grec, du nom de Tzetzès, à qui, malgré son obscurité, notre célèbre Buffon a dû la première idée qui l'a conduit à la découverte du miroir d'Archimède.

Tzetzès

Tzetzès, qui n'avait de commun avec Homère, son modèle, que d'être souvent, malgré sa verve poétique, prêt à mourir de faim, vendit, pour quelques pièces d'or, son dépôt au Rabbin Maimonide. Celui-ci, dans ses voyages en Orient, le céda au poëte Saadi, pour un exemplaire du *Gulistan* ou de *l'Empire des Roses*.

Le Manuscrit inconnu, toujours recherché comme la pierre philosophale, & toujours abandonné comme elle, quand il ne se rencontrait pas des adeptes, revint de Perse en Arabie. Il tomba en partage à l'historien Abulfarage, qui en fit hommage au Roi-Géographe Abulféda; & ce fut ce dernier qui l'échangea avec Bocace contre une Carte nouvelle de la Mer Caspienne.

J'étais parti, comme on l'a vu, de ma recherche philosophique, l'an 1783, & arrivé à Avicenne, né, suivant un calcul en 980, & suivant un autre en 983, je découvrais une filiation non interrompue de mon Manuscrit pendant huit cents ans. Ces beaux titres de noblesse me flattèrent, & je commençai à désirer que d'enveloppe en enveloppe je pusse parvenir jusqu'à un Ecrivain du monde primitif, dût l'énorme paquet dont j'étais dépositaire se réduire à une page.

Mon attente ne fut remplie qu'à demi, & je touchais, sans le savoir, aux derniers anneaux de la chaîne. Le Lexicographe Suidas, qui toute sa vie compila, compila comme notre Archidiacre Trublet, avait trouvé dans un couvent de moines, où Photius mourut exilé, le Manuscrit fatal, dernier héritage du célèbre Patriarche ; & n'ayant osé l'ouvrir pour grossir son Recueil indigeste d'analyses & d'anecdotes, il en avait fait présent à son médecin Avicenne.

L'enveloppe de Photius déchirée, je trouvai la signature & le cachet d'Alcuin, le Pere de l'Université de Paris, qui, de son côté, renontant à cette généalogie, aime mieux s'intituler la Fille Aînée de nos Rois. Ce célèbre ami de Charlemagne s'était lié, dans sa grande jeunesse, avec l'Archimède de l'Orient, avec ce Callinique, qui inventa le feu grégeois. Comme le jeune Gaulois, qui n'était pas Philosophe, félicitait le Géomètre sur son infernale découverte : « Je sais que je ne sais rien, répondit le modeste Callinique ; mais prenez ce Manuscrit : je soupçonne que toutes les connoissances de mon siècle & celles des siècles antérieurs y sont renfermées. Ma chère Athénaïs me l'a apporté en dot ; & si je ne craignais pas d'être pilé vif dans un mortier, comme Jean d'Alexandrie, mon beau-père, me l'annonce dans l'enveloppe, il y a long-temps que ni les morts les plus illustres, ni les plus éclairés de mes Contemporains, n'auraient plus rien à m'apprendre. »

Alcuin prit le Manuscrit, & lut en effet ces

mots autour du cachet : *Jean a acheté ce Manuscrit inestimable, peut-être aux dépens de sa vie. Malheur encore au premier téméraire qui l'ouvrira ! on le pilera vif dans un mortier, pour le punir d'être le plus éclairé des hommes.*

Tous les Lettrés du pays d'Alcuin connaissent ce Jean d'Alexandrie : on sait qu'il enseignait paisiblement la Grammaire grecque & les chimères du Péripatétisme dans la capitale de l'Egypte, quand le Calife Omar s'avisa d'envoyer son Lieutenant Général Amrou, pour conquérir, à la foi de Mahomet, la vieille monarchie des Ptolémées & des Pharaons. Le guerrier Arabe, qui ne sçavait faire de prosélytes qu'à la pointe de l'épée, fit égorger tout ce qui ne voulut pas devenir apostat, & arbora ensuite, sur des monceaux de cadavres, l'étendart musulman dans la place publique d'Alexandrie.

Jean, sous l'extérieur franc & ouvert d'un

ami des arts, cachait toute l'astuce d'un courtisan de Constantinople ; il s'insinua dans l'esprit du sauvage Amrou, & quand il se vit en faveur, il lui demanda la fameuse Bibliothèque du Sérapéon. Le Général en écrivit au Calife, qui répondit : *Si les livres de cette Bibliothèque ne renferment que ce qui est déjà dans l'Alcoran, il faut les brûler comme inutiles : s'ils lui sont contraires, il faut les brûler comme sacriléges.*

Ce dilemme abominable amena la perte du plus admirable monument de l'Univers. La Bibliothèque du Sérapéon était composée de cinq cent mille volumes sous Jules-César, & elle avait eu le temps de s'accroître pendant sept siècles de pédantisme, & quelquefois de lumières. Amrou, en vertu de la Sentence du successeur de Mahomet, fit distribuer les Manuscrits inestimables du Sérapéon aux esclaves publics, afin d'en chauffer les bains d'Alexandrie ; & il se trouva assez de matériaux pour prolonger l'incendie pendant six mois. Cet événement désastreux a reculé de huit cents ans l'avènement de la raison en Europe.

Le Lecteur me croit, par cette histoire oiseuse, très-éloigné de mon sujet ; mais moi, qui vois d'un coup-d'œil l'ensemble de mon Ouvrage & ses détails, je l'assure qu'elle m'en rapproche. En déchirant l'enveloppe, qui avait tant effrayé Callinique, je lus ces mots, tracés de la main tremblante de Jean d'Alexandrie.

« Au moment où je cachais dans mon sein ce
» Manuscrit, que je n'ai dérobé aux flammes
» qu'aux dépens de mon turban & de mes che-
» veux, on publiait dans tous les bains d'Ale-
» xandrie une ordonnance du Général Amrou,
» qui condamnait à être pilé vif, dans un mor-
» tier de bronze, l'ennemi de Mahomet qui ten-
» terait de sauver de l'incendie, ou seulement
» de lire, le moindre livre de la Bibliothèque

,, du Sérapéon. Ce trait de despotisme a été un
,, coup de foudre pour moi ; la fièvre à l'instant
,, s'est allumée dans mes veines ; je sens que je
,, vais mourir, & j'ai à peine la force d'écrire
,, de ma main glacée quelques mots terribles sur
,, l'enveloppe de ce Manuscrit, afin de dérober
,, mes enfans au plus abominable des supplices.,,

Cette espèce de testament de mort fut pour moi un trait de lumière. Il était manifeste que l'infortuné père d'Athénaïs avait conservé le Manuscrit fatal, parce qu'il espérait qu'un jour la lecture d'un Manuscrit grec ne serait plus un crime de lèze-majesté. Il était non moins évident que la tendresse paternelle avait dû, par une menace effrayante, détourner un sexe curieux, mais timide, d'une pareille lecture, jusqu'à ce que l'extravagant arrêt de prescription fût tombé en désuétude.

Le Calife Omar, ni son Général Amrou, n'exist

tant plus pour moi, ni peut-être dans la mémoire des hommes, je rompis sans inquiétude le dernier cachet. Alors j'apperçus plusieurs rouleaux, où on avait tracé divers caractères, soit connus, soit inconnus, sur de larges feuilles du papyrus égyptien.

Le premier rouleau avait un frontispice grec où on lisait ces mots : DE L'ORIGINE DES ÊTRES; *par un Sage du Monde primitif.*

Ce Livre, composé de trois feuilles, était tout en hyéroglyphes. Il me fut impossible d'en rien déchiffrer. Seulement je remarquai que ces caractères figurés n'avaient aucun rapport avec ceux qu'on voit autour de la tête des Isis, ou sur les bandelettes des Momies; car l'Egyptien est un des Peuples les plus modernes, ainsi que des plus imbéciles de ce globe ; quoiqu'en disent les enthousiastes qui font des voyages d'Egypte dans leur cabinet, afin d'avoir le droit de s'extasier avec le vulgaire fur ces monumens d'esclaves, qu'on appelle des pyramides.

J'apperçus enfuite un opufcule d'Anacharfis *fur les connaiſſances humaines*, avant le fiècle d'Alexandre : il eſt probablement écrit dans l'ancienne langue des Scythes. Je le donnerai à déchiffrer au fçavant Abbé Barthelemy, qui a déjà deviné l'alphabet de Palmyre, & qui fe propoſe de faire voyager mon Anacharfis dans l'ancienne Grèce, en lui donnant pour Mentor fon génie, & pour guide le hardi Athenée & le crédule Pauſanias.

Un Poëte, qui ne fçait qu'un peu de grec, & qui ne parle que fa langue, n'était guères dans fon élément au milieu de tous ces Ouvrages philofophiques. Heureufement le dernier rouleau m'y ramena. C'était un Manufcrit fans frontifpice, qui renfermait les Pièces de Théâtre d'un Poëte anonyme de Sybaris. Je fentis que c'était un vrai préfent à faire à un Peuple affamé de spectacle, pour qui le neuf a bien plus d'attraits que le beau, & qui, blasé sur les beautés du Tartuffe, de Mahomet & de Britannicus, n'applaudit plus aujourd'hui que les Héroïnes de Nowogorod, les amours de Montmartre & la brouette du Vinaigrier.

Tous les Théâtres anciens ou modernes, étrangers ou nationaux, se vendent aujourd'hui. On représente sur les sept Salles de Spectacle de la Capitale, toutes les pièces, soit du bon, soit du mauvais genre, soit même qu'elles ne soient d'aucun genre. Cette considération me donne quelque hardiesse. Je sens que je n'ai pas plus besoin de génie pour réussir, que le Dramaturge : nous devons tous deux nos triomphes, lui au choix des situations, moi au choix de mon sujet. L'immortalité, je le sçais, ne s'acquiert pas avec de si faibles moyens ; mais le point essentiel pour un homme de Lettres qui débute, est de ne point faire de faux-pas. Toute espèce de célébrité l'encourage, & il est bon quelquefois qu'il ait à s'enorgueillir des palmes éphémères qu'il a moissonnées, pour se rendre digne d'en cueillir un jour qui ne se flétrissent jamais.

ANECDOTES SUR SYBARIS.

Sybaris, la voluptueuse Sybaris, que les crayons du Sage repoussent, & que nos mœurs énervées rappellent, fut bâtie sur la côte du Golphe de Tarente, par l'un des deux Ajax. On ne s'attend guères qu'un peuple d'Apicius & de Sardanapales ait eu pour tige un des héros de l'Iliade.

La ville était située entre deux torrens, le Sybaris & le Crathis. Le premier, à en croire celui des deux Pline, qui a été l'historien de la Nature, avait la vertu de donner aux hommes qui en buvaient un tempérament plus généreux, une taille plus élevée & un teint plus martial ; pour le Crathis, ses eaux, dont la propriété était de relâcher les fibres, adoucissaient la peau, blanchissaient le teint, & semblaient destinées par la Nature à être la boisson des femmes. Le fondateur de Sybaris, en lui donnant le nom du premier des torrens, annonçait à l'Europe qu'il voulait perpétuer la race des grands hommes de la Grèce primitive ; mais, au bout de quelques générations, le citoyen dégradé alla puiser sur les rives du Crathis la beauté, l'indolence & l'oubli de soi-même.

Le tableau que l'antiquité a tracé des mœurs des Sybarites, offre des détails piquans pour la curiosité du Philosophe, quoique l'ensemble ne soit destiné qu'à le faire rougir.

La jeunesse était élevée dans Sybaris comme si la Nature n'y avait organisé que le plus faible des deux sexes. Dès qu'un enfant sortait du berceau, on l'habillait de pourpre, on décorait ses cheveux naissans de rubans, tissus d'or, on ne l'exposait en plein air que le visage couvert d'un voile : point de gymnastique, qui pût donner du ressort à ses organes. Il vieillissait petit & faible, sans être sorti de l'enfance.

Le gouvernement avili autorisait ces mœurs énervées. Il ne souffrait dans l'enceinte des remparts aucune profession, dont l'exercice bruyant pût blesser la délicatesse des nerfs ; il défendait même d'y élever des coqs, parce que leur chant aigu troublait le sommeil fugitif de ce peuple de femmes.

Les Sybarites ne se promenaient jamais à pied, c'eût été à leurs yeux une jouissance d'esclaves ; ils montaient sur un char pour traverser la largeur d'une rue ou l'étendue d'une place publique. Il est vrai que ce genre de luxe, grace à leur caractère indolent, n'était pas destructeur comme dans nos Capitales. Les chevaux, accoutumés à aller au pas, pour ne point fecouer leurs maîtres vaporeux & pufillanimes, n'écrafaient perfonne, & quand ils étaient obligés de fortir des remparts de Sybaris, ils mettaient un mois à faire un voyage de trois jours.

Je m'arrête fur les chevaux de Sybaris, parce qu'ils tiennent à fon hiftoire; aucun d'eux n'était tiré des haras de la vigoureufe Sparte; on ne comptait pour tige de leur race aucun Bucéphale; petits & faibles; le moindre bruit les effarouchait: on ne les façonnait point aux évolutions néceffaires dans un champ de bataille; on fe contentait de leur apprendre à danfer au fon de la flûte avec des Eunuques & des Ganymèdes (1).

―――――――――――――

(1) Il ne convient pas, je le fais, à un jeune vérificateur de citer, dans fes Opufcules, des autorités de Philofophes, tels que Pline, l'ancien. Ariftote, Strabon, Athenée, Diodore de Sicile, Sénèque, qui

Les arts en honneur dans Sybaris étaient ceux qu'on regarde comme des branches de luxe. Ainsi, les artisans qui mettaient en œuvre la teinture de la pourpre, ceux qui pêchaient des poissons monstrueux, ou qui les exposaient en vente, étaient non-seulement considérés, mais encore exempts de toute imposition publique : on les regardait comme le soutien de l'Etat, parce qu'ils étaient les instrumens nécessaires du luxe effréné de quelques citoyens.

Il fallait, au reste, que les Arts protégés par

___

sont les garans de tous les faits extraordinaires de cet essai sur Sybaris ; mais l'anecdote des chevaux qui dansent au son de la flûte est si étrange, qu'un Savant très-connu, qui me guide en ce moment, me conseille de citer mon autorité. — *Sybarita luxuriosi erant, & deliciis adeo indulgebant ut vel ipsos equos ad tibiam saltare docerent.* Voy. *Suidas.* Belle édition de Kuster, au mot *Sybariticais.*

le luxe fussent parvenus dans Sybaris à quelque perfection, puisque l'Europe mettait un prix insensé aux ouvrages de ses manufactures. Le Précepteur d'Alexandre parle, m'a-t-on dit, dans son Livre *des Merveilles*, d'une robe du Sybarite Alcisthène, qui fut vendue cent vingt talens aux Carthaginois, par l'ancien Denys de Syracuse ; or, cent-vingt talens font juste six cent quarante mille livres de notre monnaie actuelle : ce qui ne laisse pas que d'être *merveilleux* pour un habillement où il n'entrait ni diamans, ni pierreries.

Les repas semblaient l'objet le plus important de la législation Sybarite. On décernait des couronnes d'or à ceux qui donnaient les plus somptueux ; leurs noms étaient prononcés avec éloge dans les jeux publics & dans les assemblées de religion.

S'il se trouvait, parmi ces Apicius grecs, quelqu'homme d'imagination qui inventât un raffinement de bonne-chère, on lui donnait, pendant une année entière, le privilége exclusif de son secret; & dans la Grammaire des Sybarites, cela s'appelait encourager l'industrie.

Un Magistrat Sybarite ne représentait qu'à table; c'est par le nombre des festins qu'il donnait, que la Patrie jugeait de ses services. Il y avait tel de ces festins d'apparat où l'on invitait les femmes un an d'avance, afin qu'elles eussent le temps de se préparer à y paraître avec tout l'éclat de leur parure.

On peut juger du nombre effrayant d'esclaves de luxe que Sybaris renfermait dans son enceinte, par une anecdote sur Smyndiride, que l'histoire nous a conservée. Lorsque Clisthène, le tyran de Sicyone, annonça qu'il cherchait un époux à sa fille Agariste, une des Beautés de la Grèce, parmi la foule de prétendans qui se présentèrent, on distingua sur-tout Smyndiride. Ce héros de Syharis se rendit à la Cour de Clisthène avec mille cuisiniers, mille pêcheurs & mille oiseleurs. Un pareil cortège suffisait pour avoir toutes les beautés de Sybaris ; mais Smyndiride ne put obtenir celle de Sicyone.

Sybaris, qui ne cite dans ses annales, ni guerrier, ni homme d'état, ni philosophe, se glorifiait beaucoup d'avoir donné naissance à Smyndiride. C'est lui qui passa une nuit sans dormir, parce que, parmi les feuilles de roses dont son lit était semé, il y en avait une sous lui qui s'était pliée en deux : ce pli de la rose qui tient un Sybarite éveillé, nous a valu un des Dialogues les plus ingénieux de Fontenelle.

Les Sybarites furent, dit-on, les premiers qui menèrent aux bains publics des esclaves enchaînés, afin de les châtier à leur gré, s'ils épargnaient les parfums, ou s'ils ne donnaient pas à l'eau sa juste température. C'est au sortir de ces bains qu'ils allaient s'enfoncer dans leurs lits jonchés de roses, jusqu'à ce qu'un Nain ou un Eunuque, leurs esclaves favoris, vinssent demander leurs ordres pour l'heure du repas.

Un Ecrivain du siècle d'Auguste, Strabon, a dit que, malgré cette incroyable mollesse des habitans de Sybaris, la ville s'éleva à un tel point de grandeur & d'opulence, que son empire s'étendait sur vingt-cinq cités; il ajoute que les remparts de cette Métropole de la grande Grèce renfermaient cinquante stades dans leur enceinte, & qu'elle pouvait mettre sous les armes trois cent mille hommes.

La raison du dix-huitième siècle ne voit pas trop comment Sybaris, sans législateur & sans généraux, put subjuguer vingt-cinq villes; comment, sur-tout, des citoyens efféminés, que le pli d'une rose empêchait de dormir, pouvaient marcher aux combats au nombre de trois cent mille hommes.

Ce qui ajoute à mon scepticisme, c'est qu'il ne fallut que deux mois de siége à Milon de Crotone pour prendre d'assaut cette Sybaris, que son luxe avait rendue pendant tant de siècles le scandale de l'Univers; le conquérant la brûla, & ensevelit les décombres de ses édifices sous les eaux de ses deux rivières.

Telle est la ville où le Poëte que je traduis a fait jouer les Pièces de son Théâtre. Il est évident que mon manuscrit est d'une très-grande antiquité, puisque le désastre de Sybaris est rapporté par les Historiens, à l'an 1074 de la chronique de Paros, c'est-à-dire, (à cinq ans près), il y a juste vingt-trois siècles.

On ne saurait jeter des doutes légitimes sur l'authenticité de ce manuscrit Sybarite, qu'en observant qu'il y est parlé d'Aristophane, qui fleurissait un siècle & demi après la destruction de Sybaris. Et cette objection partira sans doute de quelques-uns de ces Savans respectables qui, veillant à l'honneur des anciens, comme les Vestales à la conservation du feu sacré, ne veulent pas que le vénérable, que le sévère Numa devienne un héros couleur de rose ; & s'indigneraient d'autant plus de l'anachronisme de mon Poëte de Sybaris, qu'à peine pardonnent-ils à Virgile, en faveur de son génie, son roman des Amours d'Enée avec la reine de Carthage.

Je respecte beaucoup ces Savans distingués qui, à la longue, font toutes les grandes réputations, & défont toutes les réputations éphémères. Ma petite célébrité naissante (supposé que je l'obtienne) n'est pas de nature à subir l'épreuve des enclumes de bronze, où ils font l'essai de tout ouvrage qui fait du bruit ; &, pour me conserver leur bienveillance, je vais m'occuper de la solution de mon problème de chronologie.

CONJECTURES
SUR L'AUTEUR GREC
DE CET OUVRAGE.

JE n'ai trouvé dans mon Manuscrit, sans frontispice, que des notes marginales d'une plume étrangère; elles m'ont donné des lumières sur le caractère de l'Auteur, mais non sur son nom, & le public s'en affligera avec moi : car la critique, ainsi que la louange, semblent tomber à faux, quand elles ne portent que sur un anonyme.

Peut-être l'Ecrivain que je traduis était-il si connu dans sa Patrie, qu'on trouvait inutile de le désigner autrement que par son titre d'honneur, celui de *Poëte de Sybaris*. Je suppose que, dans trente siècles, tous les monumens littéraires qui parlent de notre Théâtre s'anéantissent, excepté un Exemplaire sans frontispice des œuvres de Corneille & de Racine, la postérité sera-t-elle très-instruite, quand elle ne verra ces grands hommes désignés, que par les titres que nous leur donnons de créateurs de Cinna & de Britannicus ?

Peut-être aussi que le Poëte Sybarite a tenté, comme notre immortel Montesquieu, de se dérober à sa célébrité, en ne mettant point son nom à la tête de ses Ouvrages. Il n'était pas impossible aux dramatiques Grecs, lorsque leur modestie n'était pas un effet de leur amour-propre, de cacher leurs succès même, sous le voile de l'anonyme. On ne voyait point à Corynthe, à Sybaris & à Athènes un parterre effréné, forcer le Poëte qu'il venait d'applaudir, à monter sur le théâtre, & le punir du plaisir qu'il venait de lui procurer, en le confondant avec des acteurs que son inconséquence dévouait à l'infamie.

Ce qui me confirmerait dans cette dernière conjecture, c'est que l'arrière-petit-fils du Poëte de Sybaris, à qui nous devons l'observation sur la *Fille de Psyché* qui termine ce volume, a gardé l'anonyme, ainsi que son bisaïeul. On ne s'attend guère à trouver la modestie héréditaire dans la famille des Poëtes, à moins qu'on ne remonte à vingt-trois siècles : époque consolante pour notre amour-propre, parce qu'elle touche à l'âge des fables.

J'ai dit que toutes les notes marginales de mon Manuscrit étaient d'une plume étrangère. J'ajoute que les caractères en ont été évidemment tracés par l'*arrière-petit-fils*, qui a fait son observation sur la Fille de Psyché, ainsi que pourront s'en convaincre, à la simple inspection, les Brunck, les Larcher & les Villoison, ces savans Triumvirs, qui se partagent en France, le sceptre de l'hellénisme.

Cette plume étrangère a encore inséré quelques

phrases dans la Dédicace à Ménandre, & sur-tout le trait contre Aristophane ; interprétation d'autant plus vraisemblable, que l'arrière-petit-fils se qualifie dans une note, de *contemporain* & d'ami de Socrate.

Telle est la solution du problème chronologique qu'on avait droit d'attendre de mon respect pour l'érudition. Il est évident que mon Manuscrit peut citer des faits postérieurs d'un siècle & demi à l'époque où il a été écrit, s'il est vrai qu'il soit à la fois l'ouvrage de l'arrière-petit-fils & du bisaïeul. Ainsi, je ne conseille pas à un Jésuite Hardouin de faire à mon Théâtre Sybarite le même honneur qu'il a fait à l'Enéide de Virgile, en lui donnant pour père un Prieur de Cluni, ou un novice de Cîteaux (1).

---

(1) Mon respect pour la vérité, m'oblige encore de déclarer que j'ai trouvé deux notes marginales de l'arrière-petit-fils, qui peuvent éclaircir quelques para-

La paternité de mon Poëte de Sybaris, ainsi établie sur une base inébranlable, je tentai d'entrouvrir le voile qui le couvrait. J'avais espéré de tirer quelques lumières du texte du Théâtre, ou du moins des notes marginales. Mon attente étant trompée, & sentant ma curiosité s'irriter par les

doxes apparens du bisaïeul. En voici la traduction simple & littérale, mais sans commentaire ; car, quand la lettre n'a qu'un sens, le commentaire la tue : principe qui a échappé quelquefois à la sagacité des Scaliger & des Castelvetro.

Note à la tête de la Vierge d'Otahiti. — « Un fragment » du Poëte Ennius m'apprend qu'on tolérait la nudité » presqu'absolue des courtisanes, sur le théâtre de » Rome, dès le moyen âge de la République. »

Note au devant de la Fille de Psyché. — « Crésias » dans son Histoire de Perse, annonce une première » éruption de l'Etna, antérieure à l'époque fixée par » la chronique de Paros. »

obstacles, je m'adressai à tous les Ecrivains connus, soit de l'antiquité, soit du moyen âge, pour me mettre du moins sur la voie, & m'empêcher de m'épuiser en frivoles conjectures, comme notre célèbre Buffon, quand il a voulu deviner l'âge du monde, en expliquant des oracles de Sybilles par des expériences sur les canons.

Le premier Savant qui a tenté de me fournir un fil d'Ariane pour me guider dans mon inextricable labyrinthe, est l'infatigable Alsacien, qui nous a restitué les textes primitifs de Virgile, de Sophocle & d'Aristophane. Il m'envoya sa belle Anthologie grecque (1), imaginée d'après les *Couronnes* de Méléagre, de Philippe & d'Agathias; je vis dans ce magnifique Recueil les Ouvrages de deux cent quatre-vingt-six Poëtes,

―――――――――

(1) *Analecta veterum Poëtarum Græcorum.* Edit. de Strasbourg de 1785.

dont une douzaine pouvaient furnager fur le fleuve de l'oubli ; mais aucun de ces deux cent quatre-vingt-six conducteurs ne put me mener en droiture au Théâtre de Sybaris.

Un Bibliomane de mes amis, à qui je confiai mon chagrin, me montra dans fon cabinet une Encyclopédie hiftorique en quatre-vingt volumes *in-folio*, connue fous le nom des *Antiquités de Grævius & de Gronovius*, & me dit d'un ton d'oracle : Que tout ce que les têtes humaines avaient penfé était-là. Ma bonhommie eft toujours un peu ébranlée, quand on me parle d'un ton d'oracle ; mais la perfpective de quatre-vingt volumes *in-folio* me fit pâlir. Je fentis que, pour peu que le nom de mon Sybarite fe trouvât dans les derniers volumes, il me faudrait, pour le fçavoir, vivre l'âge des Patriarches.

Un Académicien, plein d'érudition & de grâces, le vertueux Brequigny, me tira d'embarras;

« Vous voyez, me dit-il, ce tome IX, divisé en
„ cinq parties. On a inséré, dans la dernière, un
„ traité sur la Calabre, où tous les contes, ainsi
„ que toutes les vérités historiques sur Sybaris
„ se trouvent rassemblés. Si votre Ecrivain grec a
„ un nom, je soupçonne qu'il sera là. Au reste,
„ qu'importe au bout de deux mille trois cents
„ ans le nom d'un Poëte inconnu à ses contempo-
„ rains ? Si le Manuscrit est bon, quelques lettres
„ de plus au frontispice n'ajouteront rien à sa
„ renommée ; s'il est mauvais, il faut enterrer
„ ensemble l'auteur & l'ouvrage. „

Ce raisonnement lumineux me guérit de la manie de chercher à en sçavoir plus que mes Maîtres. Je parcourus cependant, mais uniquement par politesse, le volume indiqué, & j'y trouvai ce texte précieux : *Sybaris a vu fleurir dans ses remparts un Poëte comique du nom d'Alexis, qui fut beau-père du célèbre Ménandre, & qui composa deux cent cinquante-cinq Pièces de théâtre :*

c'eſt lui qui fit donner à un genre particulier de Comédies le nom de Sybarite : comme on le voit par les Guêpes d'Ariſtophane (1).

Quand on cherche la vérité avec un ſeul Hiſtorien, diſait un Poëte Arabe, on n'en trouve jamais que la moitié. — M. Grévius nous a annoncé Alexis comme le beau-pere de Ménandre, & voilà M. Kuſter, l'éditeur de Suidas, qui nous aſſure que le Poëte de Sybaris était ſon fils. Je ne vois pas trop comment on peut conci-

---

(1) *Fuit & Alexis Sybarita, Poëta comicus, Menandri Poëtæ comici patruus qui ducentas quinquaginta quinque fabulas ſcripſit : Quare ſybaritica fabula nomen ſumpſit ab authore ſybarita, de quâ meminit Ariſtophanes in Veſpis.* Voy. *de Calabriæ antiquité & ſitu.* Tome IX du Tréſor des antiquités de Grévius, part. 5, pag. 170. Il eſt évident, par le titre de Poëte comique, donné ici au Poëte Alexis, que le mot de *fabulas* déſigne des Pièces de théâtre, & non des Apologues.

lier une pareille généalogie ; & le Poëte qui reconnaît le même grand homme pour son père & pour son gendre, au bout de vingt-trois siècles, n'a guères plus d'existence qu'un Poëte anonyme.

D'ailleurs, le Dramatique qui a écrit deux cent cinquante-cinq Pièces de théâtre, n'en a sûrement pas fait une bonne : il a travaillé au berceau de l'art : le tabarin Thespis a bien plus sûrement été son contemporain que le Molière des Grecs, l'illustre Ménandre ; & quand on a quelqu'étincelle de goût, ce n'est pas lui qu'on doit se donner la peine de traduire.

Le Poëte qui a dédié son *Alexandre & Apelle* à Ménandre, n'est donc ni son fils ni son beau-père : il n'a pas la stérile fécondité d'un Lopez de Vega, ou d'un Caldéron ; en un mot, il n'est point Alexis : il est lui-même.

Au défaut du nom de mon Poëte, voici quelques détails sur son caractère, que je trouve épars, soit à la fin du Manuscrit grec, soit dans les notes marginales.

Mon Poëte de Sybaris vécut peu avec les gens de lettres de son pays, qu'il estimait, & dont son goût pour la retraite le forçait à s'éloigner. Il aurait désiré qu'il n'y eût parmi eux ni despotes, ni esclaves; mais cette égalité parfaite dans une république d'Ecrivains était une chimère brillante, comme le rêve du bon abbé de Saint-Pierre sur la république des Rois Philosophes.

Notre Sybarite gagna cependant à cette chimère, de ne point perdre un temps précieux à faire sa cour à ses pairs, & de ne point déshonorer son Art sublime, en souffrant qu'on la lui fît à lui-même : il ne protégea personne, & ne fut jamais protegé.

Les Mémoires du temps attestent qu'attaqué dans des libelles clandestins, il n'échappa jamais à sa plume un trait de vengeance : il eut des ennemis qu'il n'avait point provoqués ; mais il les plaignait jusque dans leurs succès satyriques : il disait qu'ils étaient bien malheureux d'avoir à la fois à triompher & à rougir.

Comme il n'était d'aucune secte, & qu'il n'avait voulu s'enrôler sous aucun drapeau, personne ne le prôna : mais la considération publique vint le chercher jusque dans l'obscurité, où il voulut s'ensevelir ; & il put dire, comme l'Auteur de Cinna & d'Héraclius :

Je me dois à moi seul toute ma renommée.

LA VIERGE

LA VIERGE D'OTAHITI,

COMÉDIE

EN TROIS ACTES ET EN VERS,

AVEC UN PROLOGUE.

A LYCURGUE.

SI ma faible voix peut se faire entendre chez les Morts, j'ose croire que l'hommage d'un Poëte de Sybaris est fait pour flatter le Législateur de Lacédemone.

Il ne semble pas d'abord qu'il puisse y avoir aucun point de contact entre l'Homme-femme de ma Patrie, que le pli d'une rose empêche de dormir, & les Femmes-hommes que ton génie a créées, qui luttent contre les Athlètes dans les Gymnases, & qui portent le deuil de leurs fils, quand ils ne se sont pas fait tuer avec Léonidas aux Thermopyles.

DÉDICACE.

Mais l'imagination du Poëte rapproche ce que la raison du Législateur a separé.

Dans une de mes rêveries poétiques, j'ai cru appercevoir qu'il y avait un rapport singulier dans les effets, entre ton génie mâle & austère, qui tendit à faire de Lacédemone une République éternelle, & notre luxe dépravateur, qui a anéanti Sybaris presqu'avant que de naître.

Ta haine vertueuse contre le célibat, a imaginé de donner aux Vierges de Sparte, des robes entr'ouvertes, qui, au moindre mouvement trahissent leur innocence. Les robes transparentes de nos jeunes Sybarites ne sont pas moins faites pour embraser les sens ; il est vrai qu'il n'en

DÉDICACE.

résulte pas des mariages comme à Sparte, parce qu'à quinze ans nos adultes sont des vieillards, & qu'ils craignent, en cherchant des compagnes du même âge, de ne plus rencontrer des Vierges.

Tu as imaginé un prix étrange pour la valeur ; c'est de faire lutter entre elles les Beautés de ton Pays, n'ayant d'autre voile que leur pudeur. Tu esperais, sans doute, que leurs regards sévères appelleraient leurs Amans, non à la jouissance, mais à la gloire.

Nous n'avons pas encore tout-à-fait arraché à la Beauté un voile fait pour irriter nos désirs ; mais nous y touchons de près. Déjà nous citons Rome avec enthousiasme : cette Rome qui expose sur un théâtre national, ses Courtisanes dans le même appareil que la Vénus d'Homère, lorsqu'elle sortit du sein de l'onde, & nous n'attendons, pour imiter cette Capitale du Monde, que le moment très-peu éloigné où il n'y aura plus dans les remparts de Sybaris que des Courtisanes.

Le dirai-je enfin ? Voulant empêcher le sang des familles de dégénérer, & donner à l'Etat, des Enfans, que tu ravissais à l'individu qui les avait fait naître, tu t'ès laissé entraîner par l'ensemble de ta législation, à permettre la communauté des Femmes. Sybaris, à cet égard, n'a rien à envier à Sparte : ses mœurs ont été aussi loin que tes loix : elle ne voit dans l'en-

DÉDICACE.

ceinte de ses murs, presqu'aucune Femme qui appartienne à son Mari ou à elle-même, & à cet égard elle est si conséquente, qu'à ton exemple elle va rayer de la grammaire nationale le mot d'Adultère (1).

---

(1) Je doute que les apophtegmes des Spartiates soient connus à Sybaris ; quoi qu'il en soit, voici le mot de Géradas : un Etranger demandait à ce Concitoyen de Lycurgue, quelle peine on faisait subir dans son Pays aux Adultères : — Mon ami, il n'y a point chez nous d'Adultères. — Mais s'il s'en trouvait ? — Alors, le coupable serait condamné à payer à l'offensé un Taureau d'une taille assez énorme pour boire de la cime du mont Taygète dans les eaux de l'Eurotas. — Mais un tel Taureau n'existe pas. — Et à Sparte aussi il n'existe pas d'Adultère.

A 4

DÉDICACE.

Lacédémone & Sybaris ne seraient-elles pas parvenues à se jouer de la morale, l'une, en luttant avec effort contre la nature, l'autre, en se blasant sur ses jouissances ?

La Pudeur dans les deux Républiques, est devenue un être de convention sociale, parce que le luxe de celle où je suis né, l'étouffe sans cesse, & que la législation de l'autre l'empêche de naître.

Mais si la Pudeur était antérieure aux loix, si l'Ordonnateur des Mondes l'avait donnée au nôtre pour qu'elle fût la sauvegarde de la faiblesse contre les attentats de la force; si elle ne servait qu'à donner de la vivacité à cette volupté douce & pure, sur laquelle repose le bonheur des Hommes ?

DÉDICACE.

— *O Lycurgue, combien ta grande ame gémirait de s'être rencontrée avec le peuple le plus efféminé du globe, pour blasphémer la Nature !*

On prétend que dans tes voyages mémorables, tu abordas dans la Cythère de l'Océan Atlantique, & que les mœurs libres de ses habitans te donnèrent l'idée de ton Paradoxe sur la pudeur. J'ai cherché cette Isle dans des mers inconnues à nos Navigateurs, & grâce à un Phénicien audacieux, me voyant arrivé sur ses bords, j'y ai long-temps étudié en silence les monumens & les Hommes.

Mes recherches n'ont point trompé mon attente. Un premier coup d'œil sur les mœurs de ces Insulaires, t'avait fait couper le nœud gordien : un examen plus approfondi me l'a fait dénouer.

J'ai vu dans cette seconde Cythère, les apprêts du sacrifice religieux à la Volupté, qui semblait autoriser la licence de tes institutions ; mais un épisode du plus grand intérêt, qui se mêla alors à l'action principale, & qui empêcha le sacrifice de se consommer, rompit le prestige & conduisit, sans fatigue, mon esprit à la solution du problème.

Ce sacrifice & cet épisode sont la base de la Pièce de Théâtre dont je t'offre la Dédicace.

Ma Vierge de la nouvelle Cythère, dans une Contrée où tout, jusqu'à l'air

DÉDICACE.

enflammé qu'on respire, invite le Sexe à l'abandon de soi-même, cède à l'instinct secret qui la porte à se respecter : elle ne voit autour d'elle que les Vierges indécentes de Sparte ou de Sybaris, & elle est toujours la Vierge de la Nature.

O Lycurgue, si Platon avait à te combattre, il te dirait peut-être que ton Système audacieux sur la Pudeur blesse essentiellement le contrat sacré, qui lie l'Homme à l'Ordonnateur des Mondes, & l'Homme à l'Homme ; mais ces armes terribles du Philosophe ne sont pas faites pour être maniées par la main légère du Poëte. Ma Vierge se contente de faire pressentir, en se jouant, que l'Amour n'est rien sans la Pudeur, & elle laisse à démontrer le grand principe, que la Pudeur mène au bonheur par la vertu, quand tu te rencontreras dans les Champs Elisées avec le Disciple de Socrate.

Platon & moi, nous pouvons différer dans la manière de combattre tes opinions; mais ce qui nous réunit, c'est l'admiration pour ton génie. Ta personne respectable à tous les siècles, est indépendante de tes Paradoxes, & tu resteras plus grand avec les erreurs brillantes de ta législation, que les Philosophes & les Poëtes avec la froide Vérité qui les censure.

PRÉFACE
DU TRADUCTEUR.

LE titre de cette Pièce, dans l'Original Grec, est la *Vierge de la Cythère Atlantique*. Cette dénomination était un peu vague, & j'ai tenté de la fixer ; mais la simple explication de ce mot, m'a plus coûté que la traduction de la Comédie.

Comme les Vierges de l'âge d'or doivent toujours être chères même aux Sages qui vivent dans un siècle de fer, j'ai consacré deux années de ma vie à chercher celle de mon Poëte Sybarite, au risque de n'aborder auprès d'elle que quand elle aurait perdu sa virginité.

J'ai pris pour Pilotes, dans ma première navigation, les Géographes les plus exacts de l'antiquité ; car je ne voulais tromper perfonne, & encore moins donner des armes aux incrédules qui, fous prétexte de nier l'exiftence de mon Ifle, auraient nié celle de ma Vierge.

Evhémère s'eft préfenté le premier avec Diodore, fon Interprète. Cet Hiftorien philofophe m'a mené dans fon Archipel Panchéen, fitué, fuivant fa carte, au midi de l'Arabie heureufe (1). Il m'a montré un Peuple fans défirs & prefque fans befoins, obéiffant à des Prêtres pacifiques, qui fe difaient les Miniftres

---

(1) On peut voir des détails d'un grand intérêt, fur cet Archipel, au Tome fecond de l'*Hiftoire des Hommes* ; Ouvrage que, malgré quelques paradoxes qui s'y font gliffés, les Etrangers regardent comme une vraie Hiftoire philofophique de l'antiquité.

sacrés de la Nature. Ce Tableau se conciliait assez avec le récit de mon Poëte de Sybaris; mais je n'y ai vu aucune trace de cette prostitution religieuse, qui fait la base de son intrigue dramatique. L'Archipel Panchéen était singulièrement peuplé, & la Philosophie nous démontre qu'il ne peut y avoir de population dans les pays où il n'y a que des jouissances sans amour, & où, en bannissant les mœurs, on a banni les Pères & les Époux.

Le Géographe Méla, qui se trouvait sur le Navire d'Evhémère, me voyant dans la route du Golfe de Bengale, me conduisit dans une Isle du Sind, habitée par une race de Sibylles, qui prédisaient l'avenir, qui excitaient les orages & qui déguisaient leurs charmes surannés sous une foule de métamorphoses; mais toutes ces merveilles de la Féerie ne s'accordaient point avec les mœurs simples de la Cythère que je cherchais. Il m'était assez prouvé, par la lecture de ma Comédie Sybarite, que ses Héros ne savaient point exciter d'orages, même dans le cœur de leurs Amantes, qu'ils n'avaient jamais lu Ovide, & qu'ils auraient deviné que la Pudeur qu'ils bannissaient, ne tarderait pas à revenir, s'ils avaient été Prophètes.

Peu content de ma Navigation, je priai Pline l'ancien, de me ramener du côté des Gaules, & de me faire aborder dans son Isle Hyperborée, dont la fertilité est si prodigieuse que, suivant son expression, on y sème le matin, on moissonne à midi, & le soir on renferme sa récolte dans des cavernes. (1) Le Philosophe me conta en route que le Sage Abaris, qui était de cette Isle, vint un jour

---

(1) *Serere matutinis, meridie metere, occidente Sole fœtus arborum decerpere, noctibus in specus condi tradiderunt.* Voyez *Histor. Natur. lib.* 4.

en Grèce fur une flèche ailée que lui prêta Apollon & qui lui fervit à traverfer les déferts de l'efpace. Cette confidence acheva de me rendre incrédule : j'avais d'abord foupçonné qu'on s'occupait peu de jouiffances amoureufes dans une Ifle où l'on faifait par an trois cent foixante-cinq récoltes, & prenant occafion d'un ouragan qui vint à s'élever, je dis à mon Pilote, que j'attendais pour aller dans fa région Hyperborée qu'Abaris me prêtât fa flèche.

Le Sage Plutarque était dans le vaiffeau, & malgré fa gravité philofophique, fouriait de mon embarras. — On te trompe, me dit-il : la Cythère de ton Poëte de Sybaris n'eft autre que cette Ifle d'Ogygie, fi célèbre par les amours de Calypfo ; j'en ai des nouvelles certaines ; car on vient de m'en inftruire dans le monde de la Lune & je veux t'y faire aborder.

Plutarque a tant de grâces : on voit tant de vérité dans les portraits des Grands Hommes qu'il a deſſinés de profil : ſes Contes d'Enfans ont tant de charmes pour l'âge de la raiſon, que malgré moi je me laiſſai perſuader. Cependant, ce voyage de la Lune, où depuis le Philoſophe, perſonne n'a pénétré, ſi ce n'eſt Cyrano de Bergerac, & le plus fol des Héros de l'Arioſte, ce voyage, dis-je, me tenait en ſuſpens. — Tu balances, ajouta le Sage de Chéronée : j'aime ce ſcepticiſme, il nous maintient debout entre l'impoſture qui ſéduit, & la faibleſſe qui va au-devant de la ſéduction : mais je te vais convaincre de la ſureté de ta navigation : prends & lis, voici ton gouvernail.

Il me préſenta alors un Volume de ſes Œuvres Morales, tant de fois imprimées & ſi peu lues. L'Opuſcule qui renfermait le Journal de notre navigation vers Ogygie, avait pour titre, *de l'aſpect que préſente l'Orbe de la Lune* : C'eſt le même que le bon Amyot a traduit avec sa naïveté non française, *de la face qui apparaît dans le rond de la Lune* (1).

Cet Opuscule était écrit en forme de Dialogue, & par les questions qu'on y traitait, il laissait, en effet, soupçonner que l'Auteur pouvait venir de la Lune. On y discutait gravement si la matière des planètes est de l'air congelé. A l'article de sa population, un des Interlocuteurs prétendait que c'était un Monde Vierge, & l'autre soutenait qu'il n'était point stérile, puisqu'un Lion tomba un jour de cet Astre dans le Péloponèse.

Cette lecture acheva de me convaincre que

---

(1) Ce Traité se trouve à la page 620, de l'Edition *in*-folio de 1582; car si, en qualité de Poëte, je n'ai que des *in*-dix-huit dans ma Bibliothèque, en qualité de Traducteur & de Commentateur, je dois y montrer aux Amateurs quelques *in*-folio.

Plutarque n'avait pas plus été dans fon Ogygie, que Platon dans fa *République*.

Le Sage de Chéronée s'explique mal, me dit alors l'Auteur ingénieux des *Lettres fur l'Atlantide* : Je veux être l'interprète de fon Conte fur Ogygie, & vous verrez le grand trait de lumière qui en réjaillira fur la pofition de notre Paradis terreftre, il y a jufte quarante mille ans.

Le Philofophe qui me parlait était un difciple de l'éloquent Buffon : Ecrivain d'ailleurs fait, par fa belle imagination, pour n'être le difciple de perfonne, quand il travaillera pour la gloire encore plus que pour la renommée. Il était parti du texte de Plutarque, que l'Ifle d'Ogygie était fituée à cinq journées de l'Angleterre, en naviguant vers l'Occident, & il me propofait d'aller à fa découverte en cinglant vers le cercle Polaire, entre le Groënland & la nouvelle Zemble.

DU TRADUCTEUR.

L'idée d'aller chercher l'afile fortuné des Amours fur les glaces éternelles du Pole, me parut venir de la Lune, comme le Traité de Plutarque, dont elle eft le Commentaire : Je laiffai donc l'Apôtre du Nord faire voile vers la Cythère du Groënland, enveloppé de fourrures comme Maupertuis; & me trouvant dans les parages de l'Angleterre, je me déterminai à aller confulter dans Londres l'immortel Cook, le plus grand Navigateur qui ait exifté depuis les Phéniciens & le feul dont les découvertes aient pu établir une efpèce de ligne de démarcation entre le Monde moderne & le Monde de l'antiquité.

Cook était déjà à l'embouchure de la Tamife, fur le point d'exécuter fon dernier voyage autour du Globe : il ne prévoyait pas qu'il touchait aux dernières limites de la gloire & de la vie, & que prêt à revenir jouir de fon triomphe en Europe, il ferait mangé dans les

Terres Auſtrales par les Sauvages qui avaient fait ſon Apothéoſe.

Ce Grand Homme me demanda la lecture de ma Comédie Sybarite, & dès les premiers Vers il m'aſſura qu'il connaiſſait le lieu de la la Scène. Je lui propoſai de m'y mener & il y conſentit : mon Navire ſe réunit à ſon Eſcadre : nous entrâmes dans un Océan que le peuple des Navigateurs appelle *Pacifique*, quoi qu'il ſoit le Théâtre ordinaire des tempêtes, & grâce à la longue expérience de notre Commodore, nous abordâmes, ſans danger, à Otahiti.

Otahiti eſt évidemment la Cythère Atlantique de mon Poëte de Sybaris : j'en demande pardon à Evhémère, à Méla, à Pline & à Plutarque, qui ont fait des Cythères dans leur cabinet, comme notre Deſcartes faiſait le Monde où nous déraiſonnons, dans le ſien ; &

cette vérité géographique s'eſt portée dans mon eſprit à un tel degré d'évidence, que partout où l'Ecrivain que je traduis a mis le mot de Cythère Atlantique, j'y ai ſubſtitué celui d'Otahiti.

On me demandera, peut-être, comment les anciens avec leurs lourdes galères qu'ils nommaient des Trirèmes, ou leurs frêles eſquifs, qu'ils appelaient des Monoxiles, ont pu ſe haſarder, ſur-tout ſans Aſtronomie nautique & ſans bouſſole, à parcourir cet effroyable intervalle de mers qui ſéparait le monde d'Otahiti de celui du Péloponèſe.

Si j'étais un Hiſtorien Philoſophe, je répondrais à ces ſceptiques, que les Phéniciens qui conſtruiſaient leurs Navires avec le bois immortel du Cèdre, qui oppoſaient aux vents & aux vagues la double force motrice de la rame & de la voile, qui ſavaient, dans le beſoin, élever fur les eaux, des Jardins ou des Palais flottans, tels que les fameuses galères d'Hyéron & de Philopator, n'étaient pas tout-à-fait des écoliers obscurs dans l'art des Hannon & des Argonautes.

Je dirais que l'espèce de culte que portaient leurs Navigateurs au *Pharashah*, ou à la constellation de la grande Ourse, que leur étude approfondie des vents alisés & de la configuration du globe annonçaient leurs progrès dans l'Astronomie nautique ; je conjecturerais même par des textes énigmatiques, & sur-tout par l'idée qu'on peut attacher au *versoria* de Plaute, qu'ils avaient une boussole, ou du moins un instrument qui pouvait la suppléer.

Enfin, j'ajouterais que ces Phéniciens, suivant les monumens les plus authentiques de l'histoire, établirent des Colonies à quinze cents lieues de leurs côtes ; qu'ils eurent des comptoirs sur le
Golfe

Golfe de Perse pour la pêche des perles, qu'ils traversèrent la Mer des Indes, pour s'emparer de l'isle Taprobane, & qu'ils pénétrèrent jusqu'au fond de notre Europe, afin de commercer avec ces Insulaires des Cassitérides, dont les Concitoyens des Cook & des Anson se font gloire de descendre.

Ainsi j'écraserais sans peine les détracteurs des Navigations de l'antiquité, avec la grosse artillerie de la raison & des faits, si j'étais un Polybe ou un Platon : mais je ne suis que le faible Traducteur d'un Poëte, jusqu'ici inconnu, & on ne doit attendre de moi que l'artillerie légère des Epigrammes, pour confondre le sceptique, qui ne veut pas que mon Sybarite ait été à Otahiti.

Tout bien réfléchi, je renfermerai également dans mon arsenal, mon canon & mes fusées. D'un côté, j'ai l'humeur trop pacifique pour me battre, même avec des bons mots; de l'autre, l'interprétation d'un titre de Comédie ne vaut pas la peine d'affronter la groſſe injure que renferme le titre de Philoſophe.

Maintenant que ma Vierge de la Cythère Atlantique eſt fixée à Otahiti, je dois à mes Lecteurs de Paris, ſi j'en trouve, de leur rendre compte des légers changemens que j'ai été contraint de faire à mon texte original, par le déſir de me faire entendre.

La Scène, qui compoſe le Prologue de ma Pièce Sybarite, a originairement pour Interlocuteurs un Chef d'Eſcadre Phénicien & une Reine d'Otahiti qu'on ne nomme pas. Ce prologue, qui fait alluſion à des mœurs inconnues & qui rappelle des Héros obſcurs, morts il y a près de trois mille ans, aurait paru ſans ſel, ſi j'avais été auſſi fidèle dans ma verſion que le dernier Traducteur d'Hérodote. J'ai donc cru devoir substituer au Chef d'Escadre de Tyr ou de Sidon, le Commodore Anglais qui de nos jours a abordé le premier à Otahiti, gouvernée alors par Oberéa. Cette légère licence a jeté un vernis d'intérêt sur toute la Scène, & on m'a fait espérer que mon Prologue serait lu, même par ces hommes d'un goût sévère, qui ne veulent pas lire les Prologues de Quinaut, faits d'ailleurs, pour n'être lus que de Louis XIV.

De cette petite infidélité en a résulté une autre, dont le Grammairien peut me faire un crime, mais que l'homme de goût me pardonnera. Le fils du Chef d'Escadre Phénicien joue sous le nom d'Abibal un grand rôle dans la Comédie Sybarite. L'Auteur original fait aussi intervenir, au troisième Acte, sous le nom de Baléazar, un père de sa Vierge, qui opère le dénouement. Ces deux personnages se trouvent naturellement métamorphosés en Anglais dans la traduction, & leurs noms, plus sonores & plus faits pour flatter l'oreille d'une Amante, sont Sidney & Monrose.

On se doute que pour ne pas blesser les convenances dramatiques, obligé de substituer à des Tyriens morts il y a vingt siècles, des Anglais qui vivent encore, il m'a fallu, de temps en temps, adoucir un peu les teintes trop chargées du tableau des mœurs antiques; mais ces altérations ont été faites avec assez de soin pour paraître insensibles aux lecteurs du Grec original : je puis assurer, foi de Traducteur, qu'il n'y a pas vingt Vers changés dans la Comédie entière. Je doute que les onze savans, qui depuis une douzaine d'années, ont traduit Homère, & qui assurent tous l'avoir fait avec la plus grande fidélité, puissent en dire autant.

Un article sur lequel j'ai suivi mon modèle avec l'exactitude la plus scrupuleuse, est celui de la décence : il eſt incroyable que, dans un ſujet qui prêtait autant au cyniſme de Pétrone & d'Ariſtophane, la plume de mon Poëte ait toujours conſervé la circonſpection la plus philoſophique; il a fait entrevoir des attentats contre la Pudeur, ſans jamais déchirer le voile heureux qui la couvre. Il a choiſi un ſujet qui, au premier abord ſemblait immoral, pour rendre l'hommage le plus éclatant aux mœurs; & il eſt évident que la Pièce a été écrite au cabinet de Zénon, ſi elle a été imaginée dans le boudoir d'Epicure.

PROLOGUE

DE

LA VIERGE D'OTAHITI.

PERSONNAGES.

OBERÉA, *Reine d'Otahiti.*
LE COMMODORE ANGLAIS.

Le Théâtre représente dans l'avant-Scène un portique découvert, formant une partie du Palais d'Oberéa; à droite paraît un péristile, dont les colonnes sont des troncs d'arbres sculptés & chargés de guirlandes de fleurs pour chapiteaux. La porte se pressent sous un rideau de branches de Palmiers, réunies par force. A gauche, on voit l'entrée d'un bois infiniment touffu, & impénétrable à cause des lianes. Cette entrée est aussi fermée pour les Spectateurs : dans le fond du Théâtre on découvre la mer en perspective.

OBERÉA.

Quoi ! le Chef des Anglais seul en ce lieu sauvage !

LE COMMODORE.

Sauvage ! — Il ne l'est plus quand vous l'embellissez.

OBERÉA.

Vous me flattez, Milord.

LE COMMODORE.

Ce n'est point mon langage;
Mon ame est sur ma bouche, & vous la connaissez.
L'art de flatter naquit des cœurs intéressés ;
On flatte quand on craint, on flatte quand on aime,
Et ces deux sentimens en moi sont effacés ;
Je ne crains rien : j'ai le pouvoir suprême.
J'aime peu : pour l'amour tous mes sens sont glacés.

D'UN SYBARITE.

OBERÉA.

Malgré vous, cependant, vous cherchez ma préfence.

LE COMMODORE.

De vous à vos fujets je connais la diftance ;
Leurs yeux pour la raifon font à peine entrouverts;
  Vous que l'Europe inftruifit en filence,
    Notre langue & nos arts divers
Ne font qu'un jeu pour votre intelligence ;
Je vous crois fur ces bords le feul être qui penfe ;
Toujours auprès de vous je viens fans y fonger.

OBERÉA.

J'aime auffi près de vous à me voir fans danger ;
Mais un autre fujet, fans doute, vous amène :
  Vos yeux fur moi fe fixent avec peine.

LE COMMODORE.

Oui, dans Otahiti tout me femble étranger,
  Et fur ce changement de fcène
    Je venais vous interroger.

THÉATRE

OBERÉA.

Sur ces sauvages bords où règne la franchise,
Mais où l'esprit ne prend qu'un essor enfantin ;
Où loin de varier un plaisir qui l'épuise,
Chacun refait le soir ce qu'il fit le matin,
Qui peut donc d'un Anglais exciter la surprise ?

LE COMMODORE.

En débarquant de mes vaisseaux,
J'ai vu prendre à cette isle une face nouvelle ;
Les Palmiers avec art sont courbés en berceaux :
Les Guerriers, l'arc en main, sortent de leurs hameaux ;
Dans leurs regards le plaisir étincelle :
La Bergère est coquette, oubliant qu'elle est belle,
Et voulant se mirer dans le crystal des eaux,
Ne répond pas à l'Amant qui l'appelle.
Reine d'Otahiti, des apprêts de ce jour,
Parlez, que faut-il que j'augure ?
Est-ce la Fête de l'Amour ?

OBERÉA.

C'est la Fête de la Nature.

D'UN SYBARITE.

Le Commodore.

La Nature offre un sens difficile à saisir :
L'un la croit un phantôme, & l'autre la révère;
   Il vaudrait mieux la définir
    Que d'en faire un Dieu tutélaire :
Elle existe pourtant pour l'homme qui s'éclaire ;
Le Sage à son Autel ne brûle point d'encens ;
Mais elle ouvre à demi le rideau du Mystère
Et parle à notre esprit sans parler à nos sens.
Sans doute dans cette Isle on la voit sans nuage,
   Et sur tous ses soins bienfaisans
J'attends que votre voix s'explique davantage.

Oberïa.

D'Otahiti, Milord, vous connaissez les mœurs;
Aucun joug ne plia nos têtes indociles;
   Nous ignorons les décrets versatiles
    De vos hardis Législateurs ;
Ainsi que notre Ciel nos ames sont tranquilles ;
Le lien le plus doux dont s'honorent vos Villes ,
Le lien de l'Hymen en Europe vanté,
   N'en est point un pour nos heureux asiles ;
Nul de nous ne s'épuise en soupirs inutiles.

L'Infulaire conftant dans fa légéreté,
  Entouré de Beautés faciles,
Même quand il jouit, garde fa liberté.—
Telle eft de mon Pays l'heureufe infouciance :
  En fignalant ainfi fa bienfaifance,
La Nature fit tout pour fa félicité,
Et la Nature a droit à fa reconnoiffance.

LE COMMODORE.

  De la nouvelle Déité
Sans doute un nouveau culte exprime la puiffance.

OBERÉA.

Le fang ne rougit point l'Autel du Dieu de paix,
Aucun Prêtre à fes pieds ne pofe de guirlande :
Mais s'il eft un tribut que fa voix nous demande,
C'eft de peindre à fes yeux fous les plus heureux traits
Le plaifir qu'il prodigue & n'épuife jamais.
Ce plaifir vient du Ciel : il devient notre offrande,
Notre culte eft le don de fes propres bienfaits.

LE COMMODORE.

Je ne vous entends pas,

          OBERÉA.

D'UN SYBARITE.

Oberéa.

Je vais me faire entendre.
Si la terre en son Dieu put voir un bienfaiteur,
 C'est du moment qu'elle eut droit de prétendre
  A son pouvoir générateur ;
Ce pouvoir est en nous dès notre adolescence ;
Du plaisir qui va naître il donne le signal ;
 Il nous enchaîne au monde social
  En étendant notre existence :
Il est enfin pour nous le plus grand des bienfaits.
Aussi, chaque Printemps, rassemblés dans un Temple,
  Deux Amans, jeunes & bien faits,
L'exercent sous les yeux du Dieu qui les contemple.

Le Commodore.

Quoi ! c'est la piété qui vous mène au plaisir ?

Oberéa.

La piété chez nous ordonne de jouir.
 Sur un simple autel de verdure,
Deux Amans par le Peuple avec pompe amenés,
 Et par mes mains de myrte couronnés,

Tome I.   C

S'uniffent fans ferment, de crainte de parjure;
A peine nos Concerts ont donné le fignal,
On voit près de l'autel, nouveau lit Nuptial,
Tomber de leurs habits l'importune parure,
 Et tous les deux d'un zèle égal,
Secouant la rougeur de leur front virginal,
 Sacrifier à la Nature.

LE COMMODORE.

L'efprit Anglais, peu fait à la crédulité,
Depuis long-temps a fecoué les langes
 Dont l'entoura l'autorité ;
 Mais de vos coutumes étranges,
En homme délicat, je me fens révolté.
 L'Amour n'eft rien fans la décence;
 En préfentant un voile à la Beauté;
 En provoquant fa douce réfiftance,
On arrache au plaifir fon uniformité,
 Et l'on double fa jouiffance.
L'homme dans la pudeur trouve la volupté,
 Même en perdant fon innocence. (1)

―――――――――――――――――――

(1) Tout le monde connaît le Couplet du gentil Bernard fur l'Amitié ; Couplet fi ingénieux & dont la penfée eft fi fauffe,

D'UN SYBARITE.

OBERÉA.

La pudeur est un mot par les Loix inventé.

LE COMMODORE.

Ce mot du moins renferme une raison profonde,
  Du genre humain il paraît adopté :
    Votre Isle qui l'a rejeté,
Est-elle à cet égard le modèle du Monde.

OBERÉA.

Pourquoi non ?

LE COMMODORE,   (à part.)

  A ce mot, dit avec fermeté,
Que veut-on qu'un sage réponde ?

    (A Oberéa.)

Je ne décide point quand un peuple a douté ;

Il finit par les mêmes rimes que le Couplet de mon Poëte Sybaryte sur la pudeur.

    Et tu serais la volupté
   Si l'Homme avait son innocence.

Mais si, séduits tous deux par l'apparence,
Tous deux au préjugé nous imposions silence....

(*Après un moment de rêverie.*)

Je soumets une idée à votre expérience.
Mon fils, vous le savez, connaît peu ce séjour.
Des piéges séduisans qu'on voit dans votre Cour
  J'ai sauvé son adolescence;
Monrose a conservé les mœurs de l'innocence,
Et son cœur qui s'ignore est tout neuf pour l'Amour.
 De ce Temple ouvrez-lui l'enceinte;
Que de trente Beautés tout à coup entouré,
Avec l'une, avec l'autre, il folâtre à son gré,
Et de crainte & d'espoir tour à tour l'ame atteinte;
S'il cède, en rougissant d'avoir peu combattu,
Aux désirs qui viendront assiéger sa vertu;
Si la pudeur trahit cette ame franche & pure,
Abjurant désormais un doute superflu,
La pudeur est pour moi le cri de la Nature,
  Et le problème est résolu.

OBERÉA.

L'idée est à la fois & piquante & profonde;
 Mais, à vous parler sans détour,

Le succès est peu sûr, si je ne vous seconde. —
Vous voyez ce bosquet. Sachez qu'en ce séjour
   Depuis douze ans Zéni reste captive.
Zéni, suivant vos mœurs, est fille de l'Amour.
Un Anglais par les vents jeté sur cette rive
    Séduisit sa mère à ma Cour,
   Et notre insulaire naïve
Ne fit naître Zéni que pour perdre le jour.
 Le moment vint d'abandonner cette isle,
Mais l'Etranger, peu sûr des mœurs de nos climats,
Désira que Zéni fût seule en cet asile,
Jusqu'à ce que le Ciel la remît dans ses bras.
Cet Anglais m'était cher : je flattai son caprice.
Déjà douze Printemps ont lui sur ce désert,
  Et ma Zéni, grâce à mon artifice,
N'a vu d'autres humains que l'Enfant qui la sert.
Ses douze ans cependant agissent en silence ;
Malgré le voile épais dont j'ai su la couvrir,
   L'instinct en elle appelle le plaisir ;
   L'instinct souvent tient lieu d'expérience. —
Enfin, n'osant d'un Père espérer le retour,
   De la victime de l'Amour,
Je résolus d'abréger le supplice.
   Et pour m'expliquer sans détour,
Je la choisis pour le grand sacrifice.

Hier, à ses yeux étonnés,
Non loin du Portique où nous sommes,
Pour la première fois j'introduisis des hommes;
A préparer ses sens ils étaient destinés;
Leur feu s'offrit peut-être avec trop de franchise,
Peut-être que Zéni s'effraya du grand jour ;
Mais je n'ai vu que la surprise
Où je croyais trouver l'amour.
Pour pressentir le but qu'un cœur neuf se propose,
Quand il s'ouvre en secret à de vagues désirs,
Il faut de deux amans voir les premiers soupirs;
Il faut mettre Zéni vis-à-vis de Monrose.

LE COMMODORE.

De mes yeux fascinés vous ôtez le bandeau ;
Le jour vient éclairer mon ame irrésolue ;
Pour Zéni, pour Monrose entrouvrez ce rideau,
Qu'ils puissent, dans ce bois, se frayer une issue,
Et nous, rentrons sous ce berceau,
Et tâchons de les voir sans rencontrer leur vue.

Oberéa coupe la Liane qui tenait les branches de Palmier, unies en forme de rideau, & se retire avec le Commodore.

Fin du Prologue.

LA VIERGE

D'OTAHITI.

PERSONNAGES.

ZÉNI, ou *la Vierge d'Otahiti.*

SIDNEY, Anglais, *Père de Zéni.*

MONROSE, *Fils du Commodore.*

L'ESCLAVE DE ZÉNI.

ETEHA,
MATAHÉ, } *jeunes Insulaires d'Otahiti.*
PARAMAH,

LE GRAND PRÊTRE DE LA NATURE.

MINISTRES SUBALTERNES.

CHŒURS DE DANSE, *soit d'Otahiti, soit d'Angleterre.*

La Scène est à Otahiti, au lieu indiqué à la tête du Prologue.

LA VIERGE D'OTAHITI.

ACTE PREMIER.

Au moment où Oberéa a coupé la Liane, l'Arc de triomphe qui forme la porte du Temple s'est ouvert. De distance en distance, on voit des piédestaux en verdure & chargés de Guirlandes de fleurs ; au lieu des Statues qu'ils devraient porter, ce sont des Groupes d'Amans couronnés de myrte, & qui se tiennent embrassés. La perspective du Temple est terminée par un Sanctuaire élevé, au milieu duquel est l'autel de la Nature. Des Prêtres & des Musiciens y paraissent, les premiers debout, & les autres assis sur des gradins. — Symphonie douce au fond du Sanctuaire.

SCÈNE PREMIÈRE.

LE GRAND PRÊTRE, LES MINISTRES SUBALTERNES, LES MUSICIENS, LES GROUPES D'AMANS *sur les piédestaux.*

CHŒUR DE MUSICIENS.

Amis, laiſſons nos cœurs
Errer à l'aventure ;
Cueillons toutes les fleurs
Que l'Amour nous procure ;
Se livrer ſans meſure
A de douces erreurs,
C'eſt ſuivre la Nature ;

LE GRAND PRÊTRE.

(*Récitatif meſuré.*)

Peuples, redoublez vos Concerts,
La Nature aujourd'hui pour vous ſe renouvelle :
Par des jeux dignes d'elles
Célébrez ſes bienfaits divers.

Qu'aux pieds de l'immortelle,
De la pudeur déchirant le bandeau,
La Vierge la plus belle
S'unisse au Berger le plus beau,
Mais sans jurer d'être fidelle.

A un signal que donne le Grand Prêtre, les Groupes descendent des Piédestaux & s'avancent sur la Scène.

Le Chœur.

Amis, laissons nos cœurs, &c.
Le principal Groupe chante en Duo.

L'Amant.

Te souviens-tu du jour où dans mes bras
Zima perdit son innocence ?

L'Amante.

Je me souviens du jour où dans ses bras
Tu vins perdre ton innocence.

L'Amant.

Dans son cœur, malgré nous, s'élevaient des combats.

L'AMANTE.

Dans ton cœur, malgré toi, s'élevaient des combats.

L'AMANT.

Ses yeux avec les miens étaient d'intelligence ;
Mais une main me voilait des appas
que l'autre expofait fans défenfe.

L'AMANTE.

Tes yeux avec les fiens étaient d'intelligence ;
Mais tu n'ofais parcourir des appas
Que l'Amour laiffait fans défenfe.

L'AMANT.

Je vainquis à la fin fon timide embarras,

L'AMANTE.

Zima vainquit enfin ton timide embarras,

(*enfemble.*)

Heureufe ignorance !
Nos rapides ébats
Ne valent pas
Ce jour charmant, ce jour où dans $\begin{Bmatrix} mes \\ tes \end{Bmatrix}$ bras
Zima perdit fon innocence.

Danses très-vives exécutées par les Groupes d'Amans.

LE GRAND PRÊTRE.

(*Récitatif simple.*)

Suspendez un instant vos jeux ;
Un Navire étranger paraît sur ce rivage,
Prêt à toucher des écueils dangereux.
Quand il viendrait dans l'Isle exercer le ravage,
Courons le sauver du naufrage ;
On n'est plus ennemi, quand on est malheureux.

Les Otahitiens vont avec précipitation du côté de la Mer ; les Otahitiennes remontent seules sur les Piédestaux & fixent avec intérêt le Navire.

SCENE SECONDE.

MONROSE, *dans le Portique qui sert d'avant-scène ;*
LES OTAHITIENNES *sur les Piédestaux.*

MONROSE.

Mon cœur veut que je cherche un plaisir que j'ignore,
Ce plaisir est, dit-on, sur ce bord enchanté ;

A la voix qui l'appelle il s'empreſſe d'éclore ;
Voyons s'il veut ſourire à ma ſimplicité. —
Mon Pere pour mon âge a bien peu d'indulgence :
Loin d'un Sexe charmant il me tient enchaîné :
Il craint de mes quinze ans la fatale influence :
Mais eſt-il des périls lorſque l'on eſt bien né ?
Quoiqu'on faſſe, à quinze ans le cœur dit quelque
    chose,
Et parce que ce cœur en ignore la cauſe,
  Faut-il qu'il ſoit infortuné !

  (*Il ſe tourne du côté du Temple.*)

Mais que vois-je ! Grand Dieu, quelle métamorphoſe !
Au Ciel de Mahomet ſuis-je donc tranſporté ?
Sous mille traits divers s'annonce la Beauté : —
S'il exiſte un plaiſir c'eſt ici qu'il repoſe...
  Comme mon cœur eſt agité !...
Je ne me connais plus... je déſire & je n'oſe...
  N'importe, entrons.

 Au moment où Monroſe entre dans le Temple les Otahitiennes deſcendent toutes de leurs Piédeſtaux & viennent à ſa rencontre.

SCENE TROISIEME.

MONROSE, ETEHA, MATAHÉ, PARAMAH, ET LES AUTRES OTAHITIENNES.

ETEHA.

Oh le bel Etranger!

MONROSE, *avec timidité.*

On dit que du plaisir vous enseignez la route.

ETEHA.

Au plaisir à votre âge on court sans y songer.

MONROSE.

Vous savez rendre heureux,

ETEHA.

      Sans doute.

MONROSE.

Oh! puisqu'il est ainsi, réglez donc mes destins:
Je voudrais être heureux & l'être de vos mains.

ETEHA.

(à part aux Otahitiennes.)

Son ingénuité m'enchante,
Il semble né dans nos climats :

MATHAHÉ.

De l'embrasser je suis impatiente.

PARAMAH.

Mais remplira-t-il notre attente ?
C'est un Enfant.

MONROSE.

On ne m'écoute pas.

(à Etcha.)

Vous qui d'abord avez su me séduire,
Et qui déjà régnez sur tous mes sens,
Menez-moi vite au bonheur que j'attends,
Car je suis pressé de m'instruire.

ETEHA.

Soit : commençons — Vous serez mon Amant.

MONROSE.

Je vous aime déjà comme j'aime mon Père.

ETEHA.

Cela ne suffit pas. — Je vous ferai plus chère, —
Regardez-moi . . . plus tendrement; . . .
Encor; . . que mes regards vous servent de modèle.

MONROSE.

Des feux que vous lancez je sens une étincelle.

ETEHA.

Bon ! . . . maintenant prenez ma main.

MONROSE.

Non, jamais on ne vit une blancheur pareille,
Je ne puis me lasser d'admirer ses contours.

ETEHA.

Admirer est bien froid dans le sein des Amours
L'esprit n'admire tant que quand le cœur sommeille;

(*Elle porte sa main à la bouche de Monrose.*)

Vous y voilà : — tenez, vous pouvez en jouir.

MONROSE.

Mes baisers la rendent vermeille,
Quoi, c'est ainsi qu'arrive le plaisir !

ETEHA.

Sûrement.

MONROSE.

A cela je vois peu de merveille :
Mon cœur sans la leçon en aurait fait autant.

ETEHA.

Je doute que jamais ma flamme vous transporte,
Quoi, déjà vous êtes content ?
A peine du bonheur vous entrouvrez la porte !

MONROSE.

De grâce calmez ce courroux :
Votre élève ingénu deviendra plus docile ;
Oh ! j'ai tant de plaisir à jouer avec vous.

ETEHA.

Oui, je vous apprendrai tous les jeux de notre Isle :
Mettez-vous là, mon aimable pupille.

(*Elle fait asseoir Monrose sur ses genoux.*)

MONROSE.

Je ferais mieux à vos genoux ; —
Cependant, je ne fais, l'attitude est charmante.

ETEHA.

Et ce baiser ?

MONROSE.

Oh ! il m'enchante. —

Elle le presse vivement dans ses bras, Monrose paraît un peu gêné.

Si cependant . . . . par vos bras enlacé . . .
Et contre votre sein trop vivement pressé . . .

ETEHA.

Je mets trop de réserve & mon cœur s'en accuse.
Que dites vous de ce baiser de feu ?

MONROSE.

Je dis . . . Je dis. . . qu'il vous amuse.

THÉATRE

ETEHA.

Et cet autre ?

MONROSE.

S'il faut vous en faire l'aveu,
Je fens que mon cœur s'y refufe ;
Je fuis trop délicat pour fuffire à ce jeu :
Un moment loin de vous fouffrez que je refpire :
Je céderai fans peine à votre heureux délire
Si mes fens agités fe repofent un peu.

ETEHA, (*à part.*)

Aifément en amour cet enfant fe fatigue.

Elle va fe joindre à fes compagnes.

MONROSE.

à l'entrée du Temple.

Cette Beauté me fait bien acheter
Les plaifirs qu'elle me prodigue ;
Ne me rend-elle heureux que pour me tourmenter ?
Mais un joli minois vient pour la fupplanter ;
Elle avance en danfant vers ce lit de verdure. —
C'eft le plaifir que promet fa figure :
Sans doute elle faura me le faire goûter.

MATAHÉ.

(*aux Otahitiennes.*)

Comme il est beau! que vous en semble? —

(*à Monrose.*)

Ça, mon Ami, profitons du moment.
Je te plais & je t'aime ; allons danser ensemble.

MONROSE.

Oh! tant que vous voudrez. — elle aime bien gaîment,

Danse très vive de Matahé & de Monrose.

MATAHÉ.

Chantons pour animer la Danse :
Dans mes bras, au refrein, je saurai t'enlacer,
Et dans les instans de silence,
Avec transport tu viendras m'embrasser.

MONROSE. (*à part.*)

Quoi! toujours des baisers avant que je désire!
Oh, je saurai bien l'attraper. —
Par vos baisers vous voulez me séduire ;

Mais tenez, je suis franc & ne peux vous tromper;
Une autre...

MATAHÉ.

Quoi?

MONROSE.

Je n'ose vous le dire.

MATAHÉ.

Mais parle donc.

MONROSE.

Une autre... a des droits sur mon cœur.
C'est l'objet qui d'abord a daigné me sourire.

MATAHÉ.

Quoi ce n'est que cela?

MONROSE.

C'est trop pour mon malheur!

D'UN SYBARITE.

MATAHÉ.

Ah! de grâce, laisses-moi rire.

MONROSE.

Mais je l'adore.

MATAHÉ.

Eh bien, sois son adorateur.

MONROSE.

Vous m'abandonnez donc?

MATAHE.

Oh jamais, je te jure;
On ne se brouille point ici,
Pour avoir varié son culte à la Nature,
Etcha de ta flamme a reçu l'ouverture :
Eh bien, aime Etcha, tu m'aimeras aussi.

MONROSE.

L'Amour est dans cette Isle on ne peut plus commode;
Quoi! je puis sans blesser la mode,
Vous quitter, vous reprendre & cela tour à tour,

THÉATRE

MATAHÉ.

Eh pourquoi me quitter? — Dans ta flamme nouvelle
   Je te servirai sans détour;
Le matin à tes pieds je conduirai ta Belle,
Et tu seras aux miens avant la fin du jour.

MONROSE.

Ces climats n'offrent donc aucun couple fidelle!

MATAHÉ.

En ôtant aux Amans leur chaîne mutuelle,
   Nous bannissons les crimes de l'Amour.

MONROSE.

Je n'entends rien aux loix de ce séjour;
Mais moi je veux aimer & plaire sans partage.

MATAHÉ.

Voilà, mon bel Ami, les Romans de ton'âge;
Mais tu peux à ton gré filer l'amour parfait;
Ce mal ne dure pas quand un amant voyage,
Et l'air d'Otahiti le guérit tout-à-fait;

Moi qu'indigna toujours l'ombre de l'esclavage,
Avec les compagnons de mes tendres ébats,
   Je vais danser sous cet ombrage ;
Mon ame cependant ne te quittera pas ;
   Je te recevrai dans mes bras,
Quand l'Amour mieux instruit t'aura rendu moins sage.

MONROSE.

J'aimerais dans l'ennui sa folâtre gaîté :
   Mais c'est en vain que son regard m'appelle ;
   Mon cœur sent un vuide auprès d'elle,
Cherchons ailleurs. — On vient dans ce bois enchanté. —
C'est un Enfant. — Tant mieux : son ame franche & pure
   Doit être ouverte à la Nature :
Faisons parler son ingénuité.

(à Paramah qui s'avance.)

Bel Enfant, répondez, voulez-vous être heureuse ?

PARAMAH.

Oh oui : mais non pas seule.

MONROSE.

Avez-vous fait un choix?

PARAMAH.

Je le fais aujourd'hui pour la première fois. —
Cela me rend toute rêveuse.

MONROSE.

Là, dites-moi votre secret.

PARAMAH.

Vous le savez.

MONROSE.

Qui, moi !

PARAMAH.

Mon secret est le vôtre :

MONROSE.

Je serais...

PARAMAH.

De mon choix, oui, vous êtes l'objet,
Et d'aujourd'hui je n'en ferai point d'autre,

MONROSE.

Quelle ingénuité ! son début est heureux ;
Et l'enfant peut un jour surpasser ses maîtresses : —
Je lui sais gré pourtant d'interpréter ses feux
Sans fatiguer mes sens d'importunes caresses.

PARAMAH.

Oh ! moi je me réserve

MONROSE.

      Et pourquoi, s'il vous plait ?]

PARAMAH.

Nous sommes tous les deux dans un âge si tendre,
Que la fleur du plaisir bientôt se fanerait :
  Pour la cueillir, ce soir il faut attendre.

MONROSE.

Je ne vous entends pas.

PARAMAH.

      Avant la fin du jour,
La Nature en ce lieu reçoit nos sacrifices :

C'est là qu'aux yeux du peuple épars dans ce séjour,
    Un Couple jeune & fait au tour
De sa pudeur mourante offrira les prémices.
  Ce Couple...

MONROSE.

Eh bien?

PARAMAH.

            Pour parler sans détour,
Ce sera nous. — J'en crois mon âge & mon amour.

MONROSE.

Eh non, jamais; — l'instinct me rend timide;

PARAMAH.

Le désir d'être heureux va te rendre intrépide;
  Viens;

MONROSE.

    Non, fuyons ce Temple dangereux;
Le plaisir me paraît ce lit industrieux
    Où le Sybarite repose
Je serais réveillé par le pli de la rose,
    Et je crains déjà d'être heureux.

D'UN SYBARITE. 65

Monrose veut sortir : Paramah l'arrête : celle-ci se trouvant trop faible, appelle à son secours Eteka & Matahé : les autres Otahitiennes viennent ensuite & forment en dansant un cercle autour de l'Anglais : cependant à la fin il s'échappe du côté de la mer, & toutes les Insulaires le poursuivent.

ACTE II.

SCÈNE PREMIÈRE.

ZÉNI.

Elle ouvre l'entrée de son asile & vient dans l'avant-scène.

L'AMOUR, dit-on, ce soir me rendra fortunée,
Il aura la vertu d'embellir ce séjour ; —
Depuis qu'un jour nouveau luit sur ma destinée,
En proie à mes désirs, de moi-même étonnée,
Je cherche à deviner ce que c'est que l'Amour. —
Par les ordres d'un père, au sein de cet asile
  Je végète dès mon berceau,
Ne voyant que des bois le spectacle stérile,
  Et pour causer n'ayant que mon agneau :
Ce néant suffisait à mon ame facile ;
Je ne m'épuisais pas en désirs superflus,
Dans ce sommeil des sens j'étais libre & tranquille ;
On m'a parlé d'amour & je ne le suis plus...
Ce matin, cependant, au lever de l'Aurore,

Des êtres dont l'aspect n'inspirait nul effroi,
   Faits comme moi, mais qui n'étaient pas moi,
Sont venus épier mon cœur qui vient d'éclore:
D'un feu que rien n'éteint remèdes impuissans!
Ces êtres inconnus, en proie à leur ivresse,
Tourmentés de désirs sans cesse renaissans,
   M'embrassaient sans délicatesse:
   Ils ont pu parler à mes sens;
   Ils n'ont rien dit à ma tendresse.—
Mais j'entends un bruit sourd du côté de la mer:—
C'est un timide enfant que des femmes poursuivent.
   Cet ennemi pourtant leur paraît cher.—
   Bon! du cercle qu'elles décrivent
   Il s'échappe comme l'éclair.—
Vers ce bosquet il dirige sa route.
Oh, tant mieux! sur mon cœur je veux le consulter.—
   Non, non, fuyons: tout être qu'on redoute
   N'est fait que pour m'épouvanter.
J'éviterai cet ennemi sans doute....
Cependant je voudrais qu'il me vît l'éviter.

SCÈNE SECONDE.

ZÉNI ET MONROSE.

MONROSE
accourant avec précipitation.

JE me dérobe enfin à leur flamme importune.
O femmes! ô tyrans! — Mais j'en vois encore une. —
De ce bois dangereux je saurai m'écarter.

Au moment où Zeni ne doute plus qu'elle n'ait été remarquée, elle rentre dans son asile, en ferme l'entrée, & se cache à demi, derrière un rideau de gaze, qu'une immense jalousie dérobait aux regards du Spectateur.

ZÉNI, (*à part.*)

Il ne peut nuire, puisqu'il tremble.
N'importe : évitons des combats.
A mes persécuteurs je vois trop qu'il ressemble.

MONROSE *revenant sur ses pas.*

Je réfléchis qu'on ne me suivait pas.

Que dis-je ! il m'a semblé qu'on craignait ma préfence ;
Sachons, à cet enfant, gré de son embarras.—
Mais non, je suis piqué de son indifférence :
Prouvons lui que mon cœur peut braver ses appas.

ZÉNI.

Il vient.— Eh bien, il faut l'attendre.

MONROSE *approchant & fans la regarder.*

O, qui que vous foyez que cache ce rideau,
  Quand vous joindriez à l'ame la plus tendre,
La taille la plus fvelte & le teint le plus beau,
Etant femme, à mon cœur vous ne pouvez prétendre.

ZÉNI *ne regardant qu'à la dérobée.*

O, qui que vous foyez, jeune préfomptueux,
Ne vous alarmez pas des feux d'une captive ;
On a fu me guérir des tranfports amoureux.
A mes yeux,— je le dis d'une bouche naïve,
  Quand on eft homme, on n'eft pas dangereux.

MONROSE.

Ces femmes, à l'abord, peuvent bien nous furprendre ;
Mais leurs ardeurs bientôt fervent à nous glacer.

THÉATRE

ZÉNI.

Ces hommes savent caresser ;
Mais aucun d'eux n'a l'ame tendre.

MONROSE.

Quoique brûlant d'amour, j'ai langui dans leurs bras.

ZÉNI.

Ils fatiguaient mes sens par leurs tristes ébats,
Et me privaient encor du droit de me défendre.

MONROSE.

Ici la femme aime peu les combats :
Avant l'attaque elle songe à se rendre.

ZÉNI.

Aimer est à mes yeux un titre de mépris.

MONROSE.

D'une femme, & sur-tout d'une femme amoureuse,
Je rougirais trop d'être épris.

D'UN SYBARITE.

ZÉNI.

Si fans un homme on ne peut être heureufe,
Je ne veux point du bonheur à ce prix.

MONROSE, (à part.)

En voulant m'éloigner, cette Beauté m'attire.
A l'homme, en tous les temps, fon cœur a réfifté.
Si moi je pouvois la féduire !

ZÉNI, (à part.)

Si je pouvais, par un fourire,
Du fléau de mon fexe abaiffer la fierté.

MONROSE, (à part.)

Subjuguons-la, quoiqu'il m'en coûte.—

(à Zeni.)

Vierge d'Otahiti, car vous l'êtes fans doute,
Vous avez peu les mœurs de l'ifle où vous vivez.
Contre ce genre humain, que vous invectivez,
J'admire les aveux de votre ame ingénue.—
Pourtant de votre arrêt un homme eft excepté.

Par des yeux faits pour juger la Beauté
Vous redoutez d'être vaincue.

ZÉNI.

Cet homme a moins d'amour qu'il n'a de vanité.

MONROSE.

Vous craignez cependant de paraître à sa vue.

ZÉNI.

D'une femme à vos yeux qu'importent les appas ?
Ce sexe dont je suis, votre aveugle délire
Ne vient-il pas de le proscrire ?

MONROSE.

Quand je le proscrivais, je ne vous voyais pas.

ZÉNI, (à part.)

Bon ! il me loue avec délicatesse.

MONROSE, (à part.)

Je balance;— ainsi je l'intéresse.

ZÉNI.

ZÉNI.

Moi, je ne me plains point de ce rideau jaloux :
Les hommes que j'ai vus n'ont pu me rendre heureuse.
L'aspect d'un autre ici me rend peu curieuse,
Puisqu'ils sont de mon isle, ils se ressemblent tous.

MONROSE.

Mais si je n'étais point un homme de votre isle;
    Si, né sous un ciel étranger,
Et loin des mers qui baignent votre asile,
    Sous vos loix j'allais me ranger;

ZÉNI.

Alors,... j'en fais l'aveu,... je serais moins tranquille;

MONROSE.

Alors ce vain rideau qui cache vos appas,
    A mes pieds tomberait sans doute :
Je jouirais du plus tendre embarras.

ZÉNI.

Je ne puis déguiser un aveu qui me coûte ;
Mais vous craignant alors,... je ne vous verrais pas;

MONROSE, *(soupirants)*

Hélas!...

ZÉNI, *(à part.)*

J'ai du chagrin du mal que je lui cause :
De sa peine pourtant devrais-je m'affliger ?
A ma candeur peut-être il en impose.

(à Monrose.)

Là... surement vous êtes étranger.

MONROSE.

Je suis Européen, & m'appelle Monrose.

ZÉNI.

Monrose ! le beau nom ! Je crois que dans mon isle
On n'en porta jamais de si mélodieux.—
Monrose !— à prononcer il n'est point difficile.

MONROSE.

Mais vous qui vous cachez à mon œil curieux,
De votre nom encor me ferez-vous mystère ?

D'UN SYBARITE

ZÉNI.

Zéni.— Voilà le nom que me donna mon père.

MONROSE.

L'Européen connaît mille noms amoureux ;
Mais c'est Zéni que je préfère.

ZÉNI.

Près de moi venez vous placer ;
Le goût sur vos lèvres repose :
Et si je disais mal le beau nom de Monrose,
Vous m'aideriez à le bien prononcer....

(à part, en le regardant.)

Il est charmant.

MONROSE, (à part.)

Sa figure est céleste.

(à Zéni.)

Eh bien, je touche à ce rideau funeste ;
Mais il ne tombe point, & je n'ai plus d'espoir.

Zéni, vous avez l'ame tendre,
Et je ne puis vous émouvoir!

ZÉNI.

Je trouverais du danger à vous voir :
Il n'en est point à vous entendre.

MONROSE.

Zéni, sur ma réserve en secret vous comptez ;
Car, si je le voulais, un rideau si fragile
Céderait aisément à mes vœux emportés.—
Mais je ne sus jamais violer un asile.

ZÉNI, *(avec ame.)*

Quoi ! vous êtes un homme, & vous me respectez !

MONROSE.

Voir ma Zéni, pour moi ferait le bien suprême :
Mais sa réserve en fait une faveur ;
Et je voudrais la tenir d'elle-même.

ZÉNI, *(à part.)*

Comme il prend bien la route de mon cœur !

On entend de la musique dans l'éloignement ; elle est plus distincte à chaque silence. Monrose s'écarte pour discerner d'où elle vient.

Déchirons ce rideau qui fatigue Monrose :
    Mais mon bras chancelle, & je n'ose.
Quel instinct vague en moi glace le sentiment !
Le désir parle en vain, & la pudeur l'emporte.
Il va donc s'échapper ce fortuné moment !
Il me vient une idée. — Entr'ouvrons cette porte ;
    Monrose y viendra surement :
    Je la défendrai faiblement :
Une femme, on le sait, n'est jamais la plus forte.

Elle va entr'ouvrir l'entrée.

Bon ! il ne m'a pas vue.

MONROSE, *(revenant.)*

              Ah ! Zéni, pardonnez,
Mais ces sons importuns me tenaient en haleine :
    Je distinguais la voix d'une sirène
  Par qui mes sens d'abord ont été fascinés.
    Heureusement ma crainte est vaine.
Hé bien, dans son espoir Monrose est-il déçu ?
Ne vous verrai-je donc qu'au travers d'un nuage ?

ZÉNI.

De mes mains autrefois ce rideau fut tissu,
Et Zéni ne doit point détruire son ouvrage.—
Mais calmez-vous ; bientôt l'épreuve finira :
  Et si Monrose est toujours sage,
Peut-être qu'à son gré ma porte s'ouvrira.

MONROSE.

Par ces détours adroits croyez-vous qu'on m'abuse ?
  Non, je sens trop en ce moment
  Que votre inimitié s'amuse
Bien moins à m'éprouver, qu'à faire mon tourment.

ZÉNI, *(à part.)*

Il est bien loin de soupçonner ma ruse.

On entend encore la symphonie dans l'éloignement.

MONROSE.

O Dieu ! j'entends encor ces sauvages concerts.

ZÉNI, *(à part & avec dépit.)*

 Ma funeste étoile l'emporte :
Monrose d'aujourd'hui ne verra point la porte.

MONROSE.

Zéni, le bruit redouble dans les airs :
Par les échos de vos montagnes
Ce bruit cent fois est répété.

Il va du côté opposé à l'entrée.

Déjà vers le bosquet s'avancent vos compagnes.

ZÉNI, (*indiquant la porte.*)

Vous feriez mieux, pour voir, de cet autre côté.

MONROSE, (*à part.*)

Avec quel art la cruelle m'écarte
Des lieux où j'entendrais sa voix.—

(*à Zéni.*)

Zéni, mon cœur était flatté de vivre sous vos loix ;
Mais vous ordonnez que je parte ;
Et je vous obéis... pour la dernière fois.

SCENE TROISIEME.

ZÉNI.

C'est pour m'éprouver qu'il m'évite :
Mon cœur, de ce détour est assez averti.—
Monrose,— tout se tait,— sortons : mon sein palpite...
Monrose...

(*d'un ton pénétré.*)

Ah Dieux ! il est parti.

Gradation de symphonie à chaque pause du monologue de Zéni.

A ma douleur nulle autre n'est égale.—
Il fallait me montrer, ou fuir son entretien.
Qu'avais-je à craindre enfin :— réserve trop fatale !
Elle a fait son malheur...; & peut-être le mien.
Monrose... A cet enfant j'allais devenir chère...
Des refus insensés ont armé sa colère :
Il va, pour me punir, s'arracher de ces lieux.—

L'Isle n'était pour lui qu'une terre étrangère :
Il fuit ; & pour jamais j'ai reçu ses adieux.
Pour jamais... éloignons ce présage funeste.
On vient :— cachons les pleurs qui coulent de mes yeux,
 Et partageons des jeux que je déteste.

SCENE QUATRIEME.

ZÉNI, OTAHITIENS, MUSICIENS DE L'ISLE.

UN OTAHITIEN.

Récitatif simple.

VIENS, Zéni, conduis-nous dans ton riant séjour.
Des fleurs que tu fis naître il faut parer ta tête.

CHŒUR DES OTAHITIENS.

Chant mesuré, mais toutes les voix à l'unisson.

Ici déjà ton triomphe s'apprête.
Quand tu célébreras la fête de l'Amour,
 L'Amour célébrera ta fête.

THÉATRE

ZÉNI.

Oui, malgré vous mon triomphe s'apprête.
Monrose, en célébrant la fête de l'Amour,
Je croirai célébrer ta fête.

DUO.

ZÉNI ET LE CHŒUR.

Ici déjà, &c.
Oui, malgré vous, &c.

Tout le monde entre dans le bosquet : la porte se ferme. On voit, au travers du rideau de gaze, les Otahitiens qui cueillent des fleurs, & en treffent une couronne pour Zéni.

SCENE CINQUIEME.

ZÉNI ET LES OTAHITIENS, *dans le Bosquet.*

MONROSE ET LES OTAHITIENNES, *dans l'Avant-scène.*

MONROSE.

Symphonie dans les silences.

J'abandonnais Zéni, guidé par mon courroux ;
Mais un secret penchant près d'elle me ramène...
J'entends ses pas... Dieu, je respire à peine...

Il approche du rideau.

Des hommes, à mes yeux, embrassent ses genoux,
Et Monrose est le seul qui la trouve inhumaine !

avec un dépit concentré.

Tant mieux.— En la livrant à des transports jaloux,
Je saurai mériter sa haine.

Il va vers les Otahitiennes.

Indulgentes Beautés, dont j'ai causé la peine,
Venez, mon cœur est libre, & je me livre à vous.

Une OTAHITIENNE.

Récitatif simple.

On peut s'enorgueillir d'une telle conquête.
Non, rien de si parfait n'embellit ce séjour.

LE CHŒUR DES OTAHITIENNES.

Chant mesuré, sur l'air de Zéni : Oui, malgré vous, &c.

Bel étranger, ton triomphe s'apprête :
Quand tu célébreras la fête de l'Amour,
    L'Amour célébrera ta fête.

MONROSE.

Sur l'air du chœur des Otahitiens.

A m'outrager ici Zéni s'apprête :
Qu'elle ose célébrer la fête de l'Amour;
    En deuil je changerai sa fête.

D'UN SYBARITE.

DUO.

MONROSE ET LE CHŒUR.

Bel étranger, &c.
A m'outrager, &c.

Les Otahitiennes enchaînent Monrose avec des guirlandes.

SCENE SIXIEME.

ZÉNI ET LES OTAHITIENS, *dans le Bosquet.*

MONROSE ET LES OTAHITIENNES, *dans l'Avant-scène.*

SIDNEY ET LES MATELOTS ANGLAIS, *dans le Temple.*

SIDNEY.

Symphonie dans les pauses.

Les vagues en couroux allaient me submerger;
Et mon salut de ce peuple est l'ouvrage.—
Il m'a sauvé la vie, & j'étais étranger,—

Bravant les flots, & les vents & l'orage;
Et lui seul en butte au danger,
Il a conduit enfin mon navire au rivage.
O ciel ! n'exauce pas mes désirs à moitié :
Fais qu'ici ma fille respire !
Dans un cœur paternel que Zéni puisse lire !
Que rien ne la dérobe à ma tendre amitié.

Un MATELOT.

Simple récitatif.

Pour nous, qu'un peuple humain sauve de la tempête,
En chantant ses bienfaits, couronnons ce grand jour.

Les MATELOTS,

en chœur & à l'unisson.

D'Otahiti le triomphe s'apprête :
Le séjour des héros est l'isle de l'Amour.
Gloire, Amour, célébrez sa fête.

QUINQUE.

Les trois CHŒURS, ZÉNI & MONROSE.

Ici déjà, &c.
Oui, malgré vous, &c.

Bel étranger, &c.
A m'outrager, &c.
D'Otahiti, &c.

On danse à la fois, dans le temple, dans le bosquet & sur l'avant-scène. Zéni & Monrose sont tous deux assis sur un lit de verdure, tristes, & se couvrant le visage de la main ou d'un voile : on cherche de part & d'autre à les dissiper. Ils dansent enfin ; les deux Groupes s'approchent du rideau. Zéni & Monrose se voient, jettent un cri, & s'échappent. On les poursuit, & peu à peu les trois scènes deviennent libres.

THÊATRE

ACTE III.

SCENE PREMIERE.

ZÉNI, *dans l'Avant-Scène.*

Sur ce lit émaillé de fleurs,
    Qu'avec volupté je repose!
    C'est là que j'ai connu Monrose :
Tout y prolonge encor mes fatales erreurs,
    En traits de feu sa figure tracée,
Vient, sans que j'y consente, obséder ma pensée.
    Mon œil se ferme, & toujours je le vois :
    Par-tout le feu de ses yeux étincelle.
Un silence profond règne en vain dans ce bois :
Mon oreille est ouverte à sa voix qui m'appelle.—
Ou bien tout est prestige ; ou voilà de l'amour.—
Quand sur moi cependant je fais quelque retour,
Certain pressentiment me dit que je m'abuse.
Monrose paraît-il ? Mon regard est baissé :
    Mon front rougit : mon sein est oppressé.

Pour dire qu'il m'est cher, j'ai recours à la ruse ;
   Et si, grace à mon embarras,
   Mon cœur s'en occupe tout bas,
A l'annoncer tout haut ma bouche se refuse...
Puisque Monrose est craint, non, je ne l'aime pas.
   Aimai-je donc ce fougueux insulaire,
Qui, fier de ma faiblesse, & prompt à tout oser,
Secoue en jouissant les voiles du mystère ?
Non, non ; quand je pourrais ne lui rien refuser,
Mon cœur me dit qu'il ne pourrait me plaire.—
Qu'est-ce donc que l'Amour ?— A force d'y penser
   Je rends l'énigme encore plus obscure.—
Puisque mon cœur se tait, écoutons la Nature :—
Par là Zéni sans doute aurait dû commencer.

Moment de rêverie.

Long-temps sur ces palmiers j'ai vu deux tourterelles,
S'enivrer à mes yeux de flammes mutuelles :
Chacun de ces oiseaux, l'un par l'autre agacé,
   D'un nid commun sans courroux repoussé,
   Lançant le feu que recelaient ses ailes,
   D'un bec timide, à demi terrassé,
   Vivait heureux de ces douces querelles :
     Tous deux peut-être étaient fidelles...
Oui, ce trait rend le calme à mon cœur alarmé,
Je suis la tourterelle, & Monrose est aimé...

Monrose :... je le vois s'approcher du bocage : ...
Volons :... Non, peut-être il fuirait à son tour :
Peut être que, blessé de me voir sans amour,
 Il porte ailleurs ses vœux & son hommage...
 Sous ces palmiers, à la pointe du jour,
Il semblait caresser des Beautés de mon âge.
Je suis fière, & prétends qu'on m'aime sans partage.
Pour lire dans ce cœur,... qui pourrait me trahir ?...
Sur ces fleurs, un moment je feindrai de dormir.
Justement le soleil, au haut de sa carrière,
 Lance sur nous des torrens de lumière.
 Tout dort dans l'isle, & je puis, à mon tour,
Par un sommeil heureux, tromper le poids du jour.

 Elle s'arrange sur un lit de verdure, & se couvre à demi d'un voile.

C'est dans cet appareil que j'oserai l'attendre.
S'il avait des secrets dont l'Amour pût rougir,
Graces à mon sommeil, je saurais les surprendre.
 Mais s'il m'adore, à quoi bon me défendre ?
La pudeur même alors appelle le plaisir ;
Et Zéni, qui sommeille, a bien droit d'être tendre.

SCÈNE SECONDE.

ZÉNI ET MONROSE.

MONROSE.

Elle dort : sans témoins je puis donc l'admirer,
Cette Beauté naïve, à peine à son aurore,
Ne ressent point les feux qu'elle fait inspirer.
Le réveil l'eût cachée à l'Amant qui l'adore :
Que ses rigueurs tantôt ont su me déchirer !
Mais de mes maux enfin c'est moi seul que j'accuse ;
Sa décence à mes yeux doit toujours l'honorer :
Et je suis moins heureux (si mon cœur ne m'abuse)
Des plaisirs dont Vénus vient ici m'enivrer,
Que des simples faveurs que Zéni me refuse.
Oui, ma Zéni, toi seule as su m'intéresser :
J'en jure par ce bras où mon œil se repose,
Et que sans ton aveu je craindrais d'embrasser.

ZÉNI,
mâchonnant & feignant de rêver.

Monrose... Monrose... Monrose.

MONROSE.

Ah! ce mot me fuffit...

Il baife fa main.

Jamais plaifir pareil,
Jufqu'ici n'embrafa mon ame.
Ô Dieux! qui protégez ma flamme;
Jufqu'à ma mort prolongez fon fommeil.—
Mais le jour peut faner ce vifage de rofe:
Garantiffons Zéni des rayons du foleil,
Par ce voile que j'interpofe.—

Il ôte le voile de Zéni, & l'étend au-deffus d'elle.

Ce jour peut être encor plus doux.
Du palmier qui nous couvre abaiffons le feuillage:
Il faut épaiffir cet ombrage
Pour cacher mes plaifirs aux regards des jaloux.

Il forme un berceau avec des branches de palmier.

Cette réferve épure mon hommage;
Et je puis maintenant tomber à fes genoux...
Ciel, quel parfum exhale fon haleine!...
Et ce beau front, fiège de la candeur!

Et ces cheveux, conduits par la pudeur,
Qui tombent sur son sein, de sa tête incertaine...
Cette bouche, sur-tout, si peu faite au détour,
Qui s'ouvre pour parler la langue de l'Amour...
Ah, Dieu ! si je suivais la pente qui m'entraîne,
Je voudrais de ma vie acheter ce baiser.

ZÉNI, *toujours feignant de dormir.*

Monrose... cher Monrose !...

MONROSE.

Elle me dit d'oser...

Il s'élance sur elle, & s'arrête tout à coup.

Non, le prix est trop grand pour que je le ravisse...
Si ce baiser que m'offre un songe si propice,
Le réveil de Zéni devait le refuser, ...
Ce larcin amoureux causerait mon supplice...
Qu'elle sache plutôt que Monrose tenté,
    Sut préférer, dans son ivresse,
    Aux transports de la volupté,
Les plaisirs raisonnés de la délicatesse...

Il va cueillir une rose.

Ajustons cette rose au haut de ses cheveux.

ZÉNI.

Au moment où Monrose se courbe pour placer la rose, elle l'enlace dans ses bras, l'attire sur elle, & lui donne un baiser.

Je ne me connais plus... Monrose, sois heureux...

Elle rougit ensuite, & se couvre les yeux de la main.

Qu'ai-je fait ?... Ah ! je suis indigne de ta vue...
Dans l'abyme des mers je voudrais me cacher...

MONROSE.

Dans l'abyme des mers, moi, j'irais te chercher.

ZÉNI.

Eh bien, rassure donc une amante éperdue.

SCENE TROISIEME.

ZÉNI, MONROSE, L'ESCLAVE DE ZÉNI.

ZÉNI.

O ma tendre compagne, est-ce toi que je vois ?...

Elle se rejette sur un lit de verdure.

L'ESCLAVE.

Zéni, pourquoi ce trouble qui te presse ?
Tu n'as point de secret qui pèse à ma tendresse.

ZÉNI.

J'hésite ; ... & c'est pour la première fois.

L'ESCLAVE.

Eh bien, ne parlons plus d'un aveu qui te blesse.
La Nature en son temple attend une Prêtresse.
L'autel est prêt : parle, as tu fait un choix ?

ZÉNI, *montrant Monrose, mais sans le regarder.*

Oui, le voilà : ... n'en exige point d'autre.

L'ESCLAVE.

Monrose ! — Eh bien, ton choix a précédé le nôtre.

ZÉNI.

Qu'entends-je ?

MONROSE.

Quel bonheur !

L'ESCLAVE.

Il faut le couronner.—
Par les nœuds du plaisir je vais vous enchaîner.
Tous deux, aux yeux d'un peuple qui vous aime,
Vous goûterez le bien suprême.—
Mais un ordre aussi doux semble vous étonner.

ZÉNI.

Voilà donc le devoir que le Ciel nous impose !

L'ESCLAVE.

L'ESCLAVE.

Sans doute: eh quel instinct peut t'en faire rougir?

ZÉNI.

Je ne sais, devant toi mon cœur n'ose s'ouvrir ;
Mais sur ce qui l'agite, interroge Monrose.

MONROSE.

Qui, moi, souffrir qu'avec tant d'appareil
Ma Zéni, de mes feux éprouve la puissance !
Moi, qui serais jaloux, peut-être du soleil,
   S'il la voyait perdre son innocence.

L'ESCLAVE.

La loi, de ces climats est contraire à vos vœux.

MONROSE.

L'instinct, à ma façon, m'ordonne d'être heureux.

SCENE QUATRIEME.

SIDNEY, ZÉNI, MONROSE, L'ESCLAVE DE ZÉNI.

SIDNEY.

Monrose, il faut quitter la moderne Cythère,
Mon navire, d'écueils long-temps enveloppé,
Et du naufrage avec peine échappé,
Par l'ordre de nos Rois vous mène en Angleterre.

MONROSE.

D'un coup de foudre, ô ciel ! je suis frappé.

ZÉNI.

Monrose, dans tes bras vois mourir ton amante.

SIDNEY.

Quel est donc cet enfant si cher à votre cœur,
Et que votre départ glacerait d'épouvante ?

Sa douleur m'intéresse, & sa beauté m'enchante :
Il n'est qu'un cœur d'airain qui ferait son malheur.

ZÉNY, *(sans cesser de regarder Monrose.)*

Eh bien, protégez donc l'Amante la plus tendre ;
Et loin du piège où l'on veut me surprendre,
Digne étranger, venez guider mes pas.

SIDNEY.

Eh, que puis-je en des lieux où je ne règne pas ?

ZÉNY.

Au faible, en tout climat, le fort doit la justice.

Après un instant de silence.

Voyez la pompe de ce jour ;
A Monrose en ce temple on veut que je m'unisse ;
Et qu'un indigne sacrifice
Aux yeux d'un peuple entier profane notre amour.
Arrachez moi de ce séjour ;
Nous irons contracter l'union la plus pure,
Sous un ciel non moins fait pour la félicité,
Où les hommes, par piété,
Ne font point rougir la Nature.

F 2

SIDNEY, *(à part.)*

D'un son de voix si doux tous mes sens sont émus.

(à Zéni.)

Bel enfant, plus que vous je gémis d'un refus :
　　Mais il vous reste une patrie ;
Un père fortuné qui vous donna la vie ;
De pareils nœuds jamais ne sont indifférens.
Et moi-même, en spectacle à ce peuple tranquille,
Puis-je sans son aveu vous offrir un asile ?
Nous sommes ses amis ; & non pas ses tyrans.

ZÉNI.

Connais-je ma patrie aux loix qu'elle m'impose ?
Ma patrie est aux lieux où je verrai Monrose :
Le reste de la terre est un désert pour moi.

MONROSE, *(à part, à Zéni.)*

Ton courage, Zéni, dissipe mon effroi.

ZÉNI.

Pour mon père, sur moi quelle est donc sa puissance ?

Invisible à mes yeux dans ce triste séjour,
Sais-je s'il voit encor la lumière du jour ?
Ses bras ont-ils jamais caressé mon enfance ?
Depuis douze ans banni de ma présence...

SIDNEY.

Depuis douze ans !... ô ciel ! que dites-vous ?

ZÉNI.

Sans doute qu'avant ma naissance
J'avais mérité son courroux ;
Mais depuis mon berceau, dans ce bois entraînée,
Et des humains abandonnée,
Dans un ennui, pire que la douleur,
J'ai jusqu'ici traîné ma destinée.
D'un père, qui pouvait être mon bienfaiteur,
Si j'ai pressenti l'existence,
Ce n'est que par le vide immense
Que son éloignement a laissé dans mon cœur.

SIDNEY, (*à part.*)

Dieu ! chaque mot qui sort de sa bouche naïve,
Sèche les pleurs qui coulent de mes yeux.

(*à Zéni.*)

Bel enfant, pardonnez un transport curieux :
Mais votre père, en quittant cette rive,
Par quelque bienfait précieux
Ne dévoila-t-il pas sa tendresse attentive ?

ZÉNI.

Dans mon berceau, dit-on, il laissa son portrait.

SIDNEY.

Un portrait ! — oh c'est elle, & mon cœur m'en assure.

ZÉNI.

Le voici dans ce bracelet :
Je l'ai bien baisé, je vous jure.

SIDNEY, *l'embrassant avec transport.*

Ma fille...

ZÉNI,

regardant, tour à tour, Sidney, & le portrait.

Oui, c'est lui, trait pour trait :

Je le sens à mon trouble, aux pleurs dont il m'arrose.

Elle se jette dans les bras de Sidney.

Pardonne si Zéni ne t'a point prévenu :
 De mon délit l'Amour seul est la cause.
Ici, depuis long-temps, tout me semble inconnu ;
Et mes yeux, malgré moi, ne cherchent que Monrose.

SIDNEY.

Je retrouve ma fille, & je renais au jour.—
 O ma Zéni !— dans ce triste séjour
  Si tu languis dès ton aurore,
Cesse d'en accuser un père qui t'adore.
J'ai dû, dans un climat où la pudeur s'ignore,
  T'isoler jusqu'à mon retour.
D'Otahiti pour toi je craignais le commerce :
Je craignais qu'à la fin sa morale perverse
Ne dégradât en toi la Nature & l'Amour.
A tes vœux maintenant, Zéni, rien ne s'oppose :
Tous mes torts envers toi vont être réparés ;
Et pour que nos deux cœurs ne soient plus séparés,
Je t'emmène en Europe, & t'unis à Monrose.

Divertissement général des Anglais & des Insulaires,
 qui termine la Pièce.

LE VOLCAN,

OU

LA FILLE DE PSYCHÉ

EN SICILE,

POËME LYRIQUE EN TROIS ACTES,

AVEC UN PROLOGUE.

A MOI.

Tu ne vois que par mes yeux, mon Euphrosine; tu ne raisonnes que par mon intelligence, & ce qui m'enchante bien davantage, tu ne sens que par mon ame : ainsi, quand je mets à tes pieds ma Fille de Psyché, c'est à moi que j'en offre la Dédicace.

Que m'importe qu'on t'ait donné le nom d'une des Grâces ? Ah ! quand je sens sur mon front tes lèvres de rose, quand ton cœur palpite à côté du mien ; quand tu réponds aux demandes amoureuses que ma bouche ne te fait pas, je ne puis douter que ton existence ne soit confondue avec la mienne. Tu ès Euphrosine pour tous ces indifférens qui ne te cultivent qu'à cause des grâces de ton esprit, ou du charme de tes talens, mais pour moi qui t'idolâtre, tu n'ès que moi-même.

Tu aimeras ma Fille de Psyché, *non parce qu'il y a quelque intérêt dans la conduite de la Pièce, ou un peu de coloris dans le style, mais parce que l'Ouvrage a été fait dans tes bras. Quel est le travail de l'Amour auquel une Amante ne donne pas son suffrage!*

Peut-être même que, partageant une illusion enchanteresse &, te confondant avec le Poëte

Poëte que tu chéris, tu croiras avoir créé, en te jouant, ma Fille de Pſyché : alors ton approbation m'eſt encore plus aſſurée; car quel eſt le Père (je ne fais point de ſolécifme, puiſque tu as changé de ſexe), quel eſt le Père, dis-je, qui ne ſe complaît pas dans l'Enfant qu'il a fait naître ?

O Moi, qui m'ès ſi cher, Moi, qui ne ſe joue pas de ma crédulité comme le Moi d'Amphitryon, le ſeul Moi enfin que je puiſſe aimer ſans égoïſme, j'envoie, ſous tes auſpices, ma Fille de Pſyché au théâtre de Sybaris ; puiſſes-tu perſuader à un Peuple frivole & charmant, qui rarement juge par lui-même, qu'il n'appartient pas à tout le monde de maîtriſer ſon opinion ſur ce Poëme! Il doit laiſſer gronder dans leur petite sphère, les Critiques au teint hâve, qui ne voient par-tout que la Poétique d'Aristote, & prendre pour son oracle Alcibiade, sur-tout quand il sort d'entre les bras d'Aspasie ; car au fonds il n'y a qu'un Amant qui puisse bien juger l'ouvrage de l'Amour.

PRÉFACE
DU TRADUCTEUR.

C'était un beau sujet, sans doute, pour le Théâtre Grec, accoutumé aux grands spectacles, que la première explosion d'un Volcan qui menaçait d'engloutir une génération d'Hommes, avec le sol qui portait leurs moissons & leurs édifices.

Il y avait, de temps immémorial, dans l'Archipel Grec, quelques Volcans épars dans de petites Isles sans habitans, qui s'étaient élevées de l'abyme des mers; mais aucun ne pouvait entrer en parallèle avec l'Etna, cette montagne colossale qui s'élance à dix mille pieds au-dessus du niveau de la Méditerrannée, & dont la base embrasse près de cent lieues de circonférence.

L'explosion de ce premier Volcan de l'Europe, devait d'autant plus faire époque, que la Sicile qu'il dévastait, était, par sa prodigieuse fécondité, tantôt le jardin, tantôt le grenier du Péloponèse.

L'Histoire n'a pas consacré toutes les éruptions de l'Etna dans l'antiquité; mais la première dut être la plus terrible, parce que le Mont embrasé avait plus d'obstacles à vaincre, pour se former un cratère. Or on peut juger de cette éruption primitive par celle de 1669; l'Etna alors vomit de son sein un torrent de matières liquéfiées, qui avait trois lieues de large, sept de cours, & trente-six pieds de volume. Tout ce qui se trouva dans la sphère d'activité de ce torrent de feu, fut anéanti,

On n'ignorait point à Athènes le temps précis où l'Etna avait commencé à brûler. La date en eſt fixée dans le beau monument chronologique des marbres de Paros, à l'année qui ſuivit la bataille des Thermopyles : il y avait juſte onze cents ans que la monarchie d'Athènes avait été fondée, & il s'en eſt écoulé deux mille deux cent ſoixante-huit, juſqu'au moment où on imprime cet Ouvrage.

Béni ſoit notre Poëte de Sybaris qui, liant dans ſa vaſte intelligence, l'âge des Héros avec celui des Demi-Dieux, a trouvé que Vénus puniſſait la Sicile de la beauté de Pſyché, préciſément au temps à jamais mémorable, où Léonidas, avec trois cents hommes libres, arrêtait les trois millions d'eſclaves de Xerxès, au défilé des Thermopyles.

Ce Syncroniſme jette une grande lumière ſur les métamorphoſes du Philoſophe de Madaure,

G 3

du folâtre Apulée, lorsque ce Disciple de Platon, converti en Ane, entendit, dans un repaire de Voleurs, l'histoire tragique des amours de Psyché, rajeunie de nos jours par le génie de l'inimitable la Fontaine.

Mais il s'agit bien de l'art conjectural d'arranger des dates, quand on met au Théâtre les Héros de l'antiquité. C'est du goût qu'on demande au Poëte dramatique, & non de la chronologie.

Eh bien, obligé par mon rôle de Traducteur, de louer le Poëte original que je fais connaître, je dirai qu'il n'a pas tout-à-fait manqué de goût, quand il a lié un trait d'histoire, d'un intérêt vraiment dramatique, à une révolution physique du globe, qui ne pouvait que parler aux yeux, par une suite de tableaux.

Cependant il n'ignorait pas à quel prestige ses rivaux devaient leurs succès au Théâtre de Sybaris. Grâce à une Pantomime ingénieuse, souvent ils se dispensaient de rien dire, ou se permettaient des vers qui ne disaient rien. Un Décorateur les inspirait au lieu du génie de Sophocle, & ils suppléaient à l'art si difficile d'être éloquent sur la Scène, par un duel, un orage, ou l'incendie d'une chaumière.

Mon Sybarite qui dédaignait de travailler pour sa génération, écrivit son Poëme : ce qui dut paraître bien étrange à la bonne compagnie de son temps, accoutumée à n'apporter que des yeux aux Spectacles de la Nation, & à admirer sur parole des Opéra sans paroles.

Le mot d'Opéra m'est échappé, & je ne me dédirai pas. Des Savans qui sont de sept Académies, m'ont assuré que les Grecs ne parlaient à la Nation qu'en chantant, & ils me l'ont prouvé par le mot *Nomos*, qui signifie également une *Loi* & une *Chanson*. Ma *Fille de Psyché* est donc un Opéra, & notre immortel Quinaut n'est pas l'inventeur d'un genre : nos Savans se chargent, s'il le faut, de faire décider ce point de doctrine, par sept Académies.

Ne perdons point de vue notre Opéra Sybarite : le Poëte ayant eu le courage de subordonner la Pantomime de son Spectacle à son action principale, prêt à lutter encore contre le torrent de l'exemple, a cru, quand il serait obligé de ne parler qu'aux yeux, devoir tirer tous ses tableaux du fonds du sujet. La forge des Cyclopes lui a paru amenée naturellement sur ce mont Etna, dont Homère a fait l'attelier de Vulcain. Il était difficile de trouver une idée plus heureuse en poésie, que celle de faire allumer le Volcan par les esprits de feu, chargés de la vengeance de Vénus. Le Ballet-Pantomime des *Amours de Psyché*, en jetant par gradation une lumière douce au milieu du tableau le plus sombre, varie la situation des personnages, sans diminuer l'intérêt, & en accélérant la marche de l'intrigue, fait pressentir le dénouement.

Quant au Style, il a, je crois, dans l'original, le coloris qui convient à un Poëme musical, fait pour être accompagné par la lyre d'Orphée, ou par le sistre d'Arion : malheureusement on n'en peut juger que par ma traduction ; l'amour-propre m'a fait renfermer un magnifique dessin de Raphaël, pour n'exposer au Sallon qu'une froide gravure ; mais aussi la gloire de mon Sybarite ne sera pas compromise ; car, dans le partage des travaux auxquels nous avons coopéré, je lui abandonne toutes les beautés de l'ouvrage, & je ne me réserve que les fautes.

PRÉFACE
POST-SCRIPTUM.

Un Moderne d'un goût affez fin, mais qui n'a rien lu, ce qui n'eft pas incompatible, me difait, un jour, au fujet de l'intrigue de ma *Fille de Pfyché*, qu'il était abfurde de fuppofer une poftérité à un Enfant immortel tel que l'Amour. L'épigramme fut applaudie par quelques Parifiennes au nez retrouffé, qui avaient cependant, avec les grâces du Fils de Vénus, fon enfance & fa fécondité. La galanterie françaife m'empêcha de fourire de pitié ; mais ouvrant ma bibliothèque, j'en tirai mon Apulée, & j'y lus ce texte original: *Nam & familiam* ... Mon Critique ne favait que le Français, ainfi que les Beaux-Efprits au teint de rofes, qui venaient de l'applaudir, & obligé d'interpréter le Philofophe de Madaure, je m'exprimai ainfi : "Tout Enfant ,, que tu ès, dit l'Amour à Pfyché, tu portes ,, dans ton fein un autre Enfant, fruit heureux

,, de notre hymen ; si tu gardes le secret que
,, je confie à ta tendresse, cet Enfant sera
,, Dieu ; si tu ès indiscrète, faible Humain,
,, il restera dans la poussière. (1) ,,

Tout le monde gardait le silence ; car comment, quand on a du goût ou de la beauté, avouer qu'on a tort ?

Je trouvai, dans un autre livre de *l'Ane d'or*, un texte non moins décisif. " Psyché
,, se flatte peut-être, dit Vénus, d'exciter dans
,, mon cœur quelqu'intérêt par sa grossesse ;
,, vain prestige ! Voilà, sans doute, un beau

---

(1) *Nam & familiam nostram jam propagabimus, & hic adhuc infantulus uterus gestat nobis infantem alium. Si texeris nostra secreta silentio, divinum ; si profanaveris, mortalem.* Voy. L. *Apuleii Madaurensis Metamorphoseos, sive Lusus Asini.* Lib. v.

„ triomphe pour la Déesse de Cythère, d'être
„ Aïeule à la fleur de son âge, & d'entendre
„ l'Enfant d'une vile Esclave se parer du beau
„ nom de Petit-Fils de Vénus (1). „

L'Ane d'Apulée, quoiqu'il fût l'Ane par excellence, ne persuadait personne; alors je tirai mon apologie du fonds même du sujet, & je lus à mes Critiques quelques vers de ma *Fille de Psyché*, qui les ramenèrent.

PALMYRE.

Moi, Fille de l'Amour!
D'un Enfant!

___

(1) *Et ecce, inquit, nobis turgidi ventris sui lenocinio commovet miserationem:... felix verò ego, quæ in ipso ætatis meæ flore vocabor avia, & vilis ancilla filius nepos Veneris audiet.* Ibid. Lib. 6.

AGENOR.

Cet Enfant naquit avec la Terre;
Et son berceau touche au berceau des Temps:
Mais, grâce au Maître du Tonnerre,
Son visage conserve un éternel printemps.
Près de Vénus c'est un Enfant peut-être;
Du moins, pour la tromper, souvent il feint de l'être.
Mais, quand Psyché le rend heureux,
Quand dans ses bras mollement il repose,
Quand son cœur vient errer sur ses lèvres de rose,
Plus fort qu'Alcide, il est plus dangereux.

PROLOGUE
DU
VOLCAN.

PERSONNAGES.

L'AMOUR.

VÉNUS.

CHEF DE CYCLOPES.

CHŒURS DE CYCLOPES et D'ESPRITS DE FEU.

Le Théâtre représente une grotte du mont Etna, où sont les forges de Vulcain : il est faiblement éclairé.

UN CHEF DE CYCLOPES.

Quoi ! l'Amour vient lui-même embellir cet asile !
Il m'est permis d'embrasser ses genoux !

L'AMOUR.

J'ai trompé les regards d'une mère en courroux ;
Et tandis que Vénus goûte un sommeil tranquille,
Je viens, malgré des Dieux jaloux,
Aux rochers de l'Etna demander un asile.

LE CHEF DES CYCLOPES.

Ainsi ces lieux jadis perdirent leur horreur,
Quand la tendre Psyché vivait sous ton empire ;
Quand de ses doigts de rose enlaçant son vainqueur,
Emue, & sans rougir du trouble de son cœur,
Elle voyait en lui le père de Palmyre ;
Alors près de l'Etna, souvent d'un vol léger,
S'abattait le Dieu de Cythère ;
Et quand Psyché, tremblante à l'aspect du danger,
Invoquait, pour jouir, les voiles du mystère,
Ce réduit, que le Ciel semblait lui ménager,
Prêtait à ses amours son ombre tutélaire.

L'AMOUR.

Psyché devint coupable, & j'osai me venger :
Mais Palmyre toujours eut droit à ma tendresse.

D'UN SYBARITE.

Ce fruit touchant d'un penchant paſſager,
Rappelle à mon eſprit des momens pleins d'ivreſſe.
Pſyché vit dans les pleurs ſous un ciel étranger :
 Mais c'eſt ici qu'ignorant ma faibleſſe,
Palmyre, qui ſe croit la fille d'un Berger,
M'offre de ſes attraits l'image enchantereſſe.
Cette fleur qu'au haſard le Ciel ſemble jeter,
Croît ſous l'œil d'un vieillard que cette Iſle révère ;
 Aux grâces de ſon caractère,
A ſes charmes naïfs rien ne peut ajouter.
On la nomme en ces lieux la Reine de Cythère ;
 Et c'eſt Vénus qu'on croit flatter.—
Je dois, il en eſt temps, couronner mon ouvrage ;
 Je vais pour elle animer ce ſéjour ;
Colorer à mon gré les lys de ſon viſage,
 Et diſpoſer tous ſes ſens à l'amour.
Toi, Cyclope, commande à ta troupe immortelle
 De me forger un nouveau trait.
Ces jeunes Demi-Dieux s'éveillent ſans regret,
 Quand c'eſt l'Amour qui les appelle.

Six jeunes Cyclopes entrent ſur la Scène, & vont travailler à l'écart dans un enfoncement de la grotte.

LE CHEF DES CYCLOPES.

Travaillez avec zèle

Dans l'ombre de la nuit ;
Forgez à petit bruit
Une flèche nouvelle :
Si l'amour la conduit,
Son atteinte est mortelle.

Le Chœur des Cyclopes,
à demi-voix.

Travaillons avec zèle
Dans l'ombre de la nuit ;
Forgeons à petit bruit
Une flèche nouvelle :
Si l'amour la conduit,
Son atteinte est mortelle.

L'Amour.

Grâce à ce trait vainqueur,
Au lever de l'aurore,
Un cœur qui vient d'éclore,
Connaîtra le bonheur ;...
Mais Vénus m'est contraire.
Du voile du mystère
Entourez mes projets ;
Et cachez à Cythère
Les heureux que je fais.

Le Chœur.

Travaillons, &c.

Une symphonie douce annonce l'arrivée de Vénus, & la lumière renaît sur la Scène.

L'Amour.

Mais quel trait de lumière, à mes yeux éblouis,
Perce de ces rochers l'obscurité profonde ?
Quel dieu vient commander dans les lieux où je suis ?...
C'est Vénus : sur son front se peignent les ennuis.
Les ennuis de Vénus font le malheur du monde.
Invisible à ses yeux, pénétrons ses desseins :
Veillons sur les climats où ma fille respire ;
Mon pouvoir tutélaire, en protégeant Palmyre,
  Assurera le repos des humains.

Vénus descend sur un nuage. Des esprits de feu se répandent sur la Scène : l'Amour disparaît ; & les jeunes Cyclopes continuent, à l'écart, leur ouvrage.

Vénus.

De l'enfant de Psyché j'ai découvert l'asile.
C'est ici qu'à l'abri de ma haine tranquille

Elle ose me ravir le prix de la beauté.
Je viens abaisser sa fierté ;
Et pour la perdre, embraser la Sicile.
O vous, dont j'ai brisé les fers,
Esprits de feu soumis à mon empire ;
Sortez de vos antres divers,
Et forgez les carreaux destinés aux pervers,
Quand le père des Dieux s'arme pour les détruire.

Chœur des Esprits de feu,

avec tout le fortissimo de l'orchestre.

Sous nos pesans marteaux
Que le fer étincelle ;
Vénus qui nous appelle,
Protège nos travaux :
Allons, pour sa querelle,
Embraser ces hameaux.
Qu'au gré de l'immortelle
Nos ennemis nouveaux
Tombent sous nos carreaux
Dans la nuit éternelle.

Le Chœur des jeunes Cyclopes se combine à la sourdine, avec le grand chœur des Esprits de feu. C'est sur-tout dans les silences du dernier, qu'on entend le pianissimo des Cyclopes.

VÉNUS.

Mon attente est remplie, & l'Amour est dompté.
Des champs Siciliens la ruine totale
Vengera l'affront fait à ma divinité.
Palmyre va périr dans cette nuit fatale ;
Et libre d'un souci qui pèse à ma fierté,
  Je pourrai m'asseoir, sans rivale,
  Sur le trône de la Beauté.

Vénus remonte sur son char ; les Esprits de feu se retirent, & l'Amour revient sur la Scène.

L'AMOUR.

Des projets de Vénus mon ame est indignée :
  Pour la Sicile infortunée
  Allons combattre à notre tour ;
Ou si par les Destins ma puissance est bornée,
  Sauvons du moins la fille de l'Amour.

Fin du Prologue.

LE VOLCAN,

OU

LA FILLE DE PSYCHÉ

EN SICILE.

PERSONNAGES.

PHANOR, *Législateur de la Sicile.*
PALMYRE, *fille de Psyché & de l'Amour.*
AGENOR, *fils de Phanor.*

ACTEURS SECONDAIRES.

VÉNUS.
PSYCHÉ.
L'AMOUR.
LES GRACES.
PRÊTRESSES DE L'AMOUR.
CHŒUR D'AMANS.
BERGERS DE SICILE.
ATHLÈTES.

La Scène est en Sicile, au pied du Mont Etna.

LE VOLCAN

LE VOLCAN,

ou

LA FILLE DE PSYCHÉ

EN SICILE.

ACTE PREMIER.

Le Théâtre représente un bosquet : à droite est un palais, & à gauche un lit de verdure. Vers le fond paraît un autel consacré à l'Amour : on apperçoit derrière, le sommet du mont Etna. Le moment où on lève la toile, doit représenter le lever de l'aurore. La Scène s'ouvre par une symphonie bruyante, qui se ralentit *par degrés, pour annoncer le sommeil de Palmyre; cette Beauté paraît endormie sur le lit de verdure. Agenor chante, à haute voix, les premiers vers de l'air suivant; & continue, à demi-voix, accompagné du demi-jeu de l'orchestre.*

SCÈNE PREMIÈRE.

PALMYRE, AGENOR.

AGENOR.

Toi que j'aimai dix ans, sans oser te le dire;
Mais par qui désormais s'embellit mon destin;
 Puisqu'à mes feux le Ciel daigne sourire,
  Palmyre, charmante Palmyre!...
  Elle dort... je l'appelle en vain...
  Palmyre, charmante Palmyre...
  Dieux! ce sommeil pur & serein
Ajoute un nouveau lustre aux roses de son tein;

Quel parfum se répand dans l'air qu'elle respire!
  Comme l'haleine du zéphyre
Entretient sur son front la fraîcheur du matin!

Comme ce voile de lin
Qu'un souffle attire,
Tour à tour, à l'œil qui l'admire,
Cache & fait voir l'albâtre de son sein !

Toi que j'aimai dix ans, sans oser te le dire ;
Mais par qui désormais s'embellit mon destin,
Puisqu'à mes feux le Ciel daigne sourire,
Palmyre, charmante Palmyre !...
A mes feux je résiste en vain...
Palmyre, charmante Palmyre,
Prolonge ton sommeil serein...

Il lui baise la main.

Ton cœur est innocent de l'erreur de ta main.

Récitatif.

Mais quoi ! déjà sa timide paupière
S'ouvre aux rayons de la lumière !
Jouissons à l'écart de son étonnement.

Il se cache derrière un arbre.

PALMYRE.

Le plaisir m'endormit :— le plaisir me réveille.—
Surprise par la nuit sous ce berceau charmant,

Je la vis par degrés noircir le firmament :
Mais tout me préfageait une aurore vermeille ;
Rien ne troublait le filence des airs ,
Rien n'agitait la furface des mers.
Le plaifir m'endormit : — le plaifir me réveille.—
Un fonge heureux a mis à mes genoux
Le plus fenfible des époux :
Sa voix long-temps a frappé mon oreille ;
Sa bouche fur ma main a femblé fe pofer.—
Dieux ! elle garde encor l'empreinte du baifer.

Agenor fort de fa retraite.

D U O.

A G E N O R, *avec timidité & à demi-voix.*

Le plaifir t'endormit...

P A L M Y R E.

Agenor me réveille...
Le plaifir... Agenor..., le plaifir me réveille.

A G E N O R.

Quand l'amour nous endort, le plaifir nous réveille.

Ces paroles fe combinent diverfement dans le Duo.

Récitatif.

AGENOR.

Oui, l'heureux Agenor embrassait tes genoux.

PALMYRE.

Je le vois ; mais mon cœur a dû le méconnaître :
Agenor est mon frère, & non pas mon époux.

AGENOR.

Ton époux !... Agenor le deviendra peut-être;
Il faut te parler sans détour :
Ce Phanor, dont les loix ont régi la Sicile,
Qui forma pour les arts ta jeunesse docile,
Mon père, enfin...

PALMYRE.

Eh bien..., mon cœur n'est pas tranquille :
Parle.

AGENOR.

Ce n'est pas lui qui t'a donné le jour.

PALMYRE.

Quoi, ce sage vieillard...

AGENOR.

Tu n'ès que sa pupille.

PALMYRE.

O ciel! qui suis-je donc?

AGENOR.

La fille de l'Amour.

PALMYRE.

Moi fille du dieu de Cythère!
D'un enfant!

AGENOR.

Cet enfant naquit avec la terre,
Et son berceau touche au berceau des temps;
Mais, grâce au Maître du tonnerre,
Son visage conserve un éternel printemps.
Près de Vénus c'est un enfant peut-être;

Du moins, pour la tromper, souvent il feint de l'être :
Mais quand Psyché le rend heureux,
Quand dans ses bras mollement il repose ;
Quand son cœur vient errer sur ses lèvres de rose,
Plus fort qu'Alcide, il est plus dangereux.

PALMYRE.

Je ne vois mon bonheur qu'au travers d'un nuage ;
Mais ton regard suffit pour me persuader :
Comme un frère cheri j'osai te regarder.
Tu ne l'ès plus :... j'en plairai davantage.

AGENOR.

De la froide Amitié l'Amour nous dédommage.

DUO.

Palmyre, sois tendre à ton tour.

PALMYRE.

Oui, je serai tendre à mon tour.

AGENOR.

L'Amour sera constant, l'Amitié t'en assure.

Ensemble.

Notre ame est toujours pure,
Soit qu'elle suive la Nature,
Soit qu'elle suive l'Amour.

ROMANCE.

AGENOR.

Je t'accompagnai l'autre jour
Sous ce berceau de verdure ;
De guirlandes de fleurs j'ornai ta chevelure,
Et tu me payas de retour.
Ton ame, simple & pure,
Ne crut suivre que la Nature,
Mais elle suivit l'Amour.

PALMYRE.

Si mes soupçons, au point du jour,
A ton ardeur font injure,
Le soir, sur ma froideur, un baiser te rassure,
Et tu t'attends à ce retour.
Mon ame, simple & pure,
Alors croit suivre la Nature,
Elle ne suit que l'Amour.

DUO.

Notre ame, simple & pure, &c.

SCENE SECONDE.

PHANOR, PALMYRE, AGENOR.

PHANOR.

JE viens de vos amours éclaircir le mystère.
Mon fils, ta flamme est pure, & je n'en rougis pas;
    La Fille du dieu de Cythère,
Sans crime, de ton cœur, peut passer dans tes bras.
Que votre hymen couronne un jour aussi prospère;
    La joie enivre tous mes sens ;
J'unis un couple heureux que mon peuple révère,
Je me fais deux Amis.

PALMYRE ET AGENOR.

Embrassez vos enfans.

PHANOR,

Mon cœur n'est point glacé malgré mes cheveux blancs,
Et je sens à mes pleurs que je suis votre père...

Symphonie douce dans le lointain.

Mais nos Siciliens, dans leurs jeux innocens,
Viennent, la lyre en main, vous rendre leur hommage,
Puissent leurs chants heureux rendre ce que je sens !

PALMYRE,
en se courbant sur la main de Phanor.

Si le cœur les inspire, ils feront votre ouvrage.

SCÈNE TROISIÈME.

PHANOR, PALMYRE, AGENOR, ATHLÈTES ET BERGÈRES.

Chœur d'Athlètes et de Bergères.

Vers ces Amans de l'âge d'or
Un secret penchant nous attire.
La naïve Palmyre
A nos chants doit sourire,
Quand nous couronnons Agenor.

ATHLÈTES.

Des simples fleurs de l'âge d'or
Couronnons Palmyre.

BERGÈRES.

Du myrte qui couvre Palmyre
Couronnons Agenor.

Ballet d'Athlètes.

THÉATRE

Un Athlète.

Quand Pâris à la plus belle
Décerna la pomme d'or,
Son cœur jugea la querelle :
Il crut Vénus la plus belle,
Il n'était point Agenor :
Mais Palmyre paraît-elle ?
Ce n'eſt plus à l'Immortelle
Qu'on offre la pomme d'or ;
Et Paris voit la plus belle
Avec les yeux d'Agenor.

Luttes & danſes.

Une Bergère.

Du citoyen
Malheureux, mais utile,
Son cœur devient l'aſile,
Et ſon bras le ſoutien.
Sa vertu tranquille
Fait le bonheur de la Sicile ;
Mais Agenor fera le ſien.

Danſes de Bergères.

Palmyre poſe ſa couronne ſur la tête de l'Athlète vainqueur ; Agenor l'unit à la première des Bergères.

DUO.

D'UN SYBARITE.
DUO.

Un Athlète et une Bergère

Dans ce riant asile,
Le Ciel est toujours tranquille,
Le cœur est toujours serein :
On s'unit sans chagrin,
On se quitte sans dédain ;
Et l'Amour, ce tyran des villes,
Ce fléau des ames viles,
Paraît, dans nos climats, le Dieu du genre humain.

Fin du Ballet.

PHANOR.

Par l'hymen d'Agenor couronnons cette fête;
Palmyre, sur l'autel viens lui donner ta foi....

Commencement d'un orage.

Mais le soleil soudain s'éclipse devant moi :
La foudre gronde sur ma tête....
Quel nouveau désastre s'apprête ?

Chœur de Bergères.

Fuyons, dérobons-nous à la haine des Dieux.

UN ATHLÈTE.

Nous plaignons ce couple amoureux;
Mais contre lui cet orage dépose :
Le Ciel empreint le crime au front des malheureux.

CHŒUR DE BERGÈRES ET D'ATHLÈTES.

Tandis qu'au sein des airs le tonnerre repose,
Fuyons, dérobons-nous à la haine des Dieux.

―――――――――――

SCENE QUATRIEME.

PHANOR, PALMYRE, AGENOR,

TRIO.

PALMYRE.

Tout me glace ici d'épouvante.

PHANOR.

Je puis calmer votre épouvante;
Venez, suivez mes pas.

D'UN SYBARITE.

PALMYRE.

Tout me préfente
L'image du trépas.

PHANOR.

Venez, fuivez mes pas.

AGENOR.

Infpirons, au cœur d'une Amante,
Un courage que je n'ai pas.

PHANOR.

Venez, fuivez mes pas.

SCENE CINQUIEME.

UN CYCLOPE, ESPRITS DE FEU.

LE CYCLOPE.

Esprits séditieux,
Le long de ces rivages
Exercez vos ravages :
Sur ce mont odieux
Enfantez les orages ;
Embrasez de vos feux
Ce tranquille bocage :
C'est en servant ma rage,
Que vous servez les Dieux.

Ballet figuré des Esprits de feu : ils secouent leurs flambeaux dans le Cratère du Volcan.

CHŒUR DES ESPRITS DE FEU.

Armons-nous pour nuire :
De vingt peuples divers

Commençons les revers.
Frappons tout ce qui respire :
Qu'ici la Nature expire ;
Et régnons sur des déserts.

Fin du premier Acte.

THÉATRE

ACTE II.

Le Théâtre est faiblement éclairé, & le Volcan jette des feux par intervalles.

SCÈNE PREMIÈRE.

PALMYRE ET AGENOR.

AGENOR.

O Fille de l'Amour, arrête...

PALMYRE.

Hélas ! la fille de l'Amour,
 Qu'à dévorer la mort s'apprête,
Ne trouve point d'asile en cet affreux séjour,
Et n'a que le tombeau pour reposer sa tête ;...
Mais Phanor, mais mon Père, où porte-t-il ses pas ?

AGENOR.

Phanor, pour ses sujets affronte le trépas;
Assailli par les ans, mais toujours magnanime,
 Il tend la main, sur les bords de l'abyme,
A des infortunés qui ne l'entendent pas:
Il ne veut, aux enfers, ravir qu'une victime;
Et revient à l'instant expirer dans nos bras.

PALMYRE.

Mais quel Dieu destructeur, pour venger son injure,
Contre nous aujourd'hui déchaîne la Nature?

AGENOR.

AIR.

 Vois-tu, dans l'éloignement,
 Ce rocher, dont les nuages
 Forment le couronnement?
La paix autour de lui régna dans tous les âges;
 Mais dans son sein, en ce moment,
  Il couve sourdement
  Le germe des orages.

PALMYRE.

J'entends dans la forêt un long mugissement...
O Dieux! je sens trembler la terre :
L'Etna répète au loin le fracas du tonnerre...
Le feu qui lui sert d'aliment,
Autour de nous déjà s'exhale ;
Et sa bouche infernale,
Avec une fureur égale,
Porte par-tout l'embrasement...

Récitatif.

Cher Epoux, car mon cœur te destinait à l'être,
Viens disposer de mes derniers instans ;
Viens m'apprendre à mourir aux lieux qui t'ont vu naître :
Qu'au palais de Phanor...

AGENOR.

Palmyre, il n'est plus temps :

I R.

Vois ce torrent de feu qui déjà l'environne ;

A l'aspect de son cours la Nature frissonne :
Le soufre qu'il renferme exhale un noir venin :
  Sa surface écume & bouillonne ;
  Il s'ouvre un horrible chemin
 Sur les corps palpitans des Bergers qu'il moissonne ;
  Et dans les plaines qu'il sillonne,
Il fait germer la mort qu'il porte dans son sein…

Symphonie moins bruyante. Palmyre s'appuie contre un arbre, le visage voilé de sa main, & à demi-évanouie.

Mais un rayon d'espoir luit encor dans mon ame :
L'Etna ne vomit plus ses tourbillons de flamme.
Sur le point d'engloutir le Temple de l'Amour,
  L'affreux torrent fait un détour,
Et semble respecter le Dieu de la Sicile…
Palmyre, ce présage est un bienfait des Dieux :
  Je cours t'assurer un asile,…
Où d'autres qu'Agenor te fermeront les yeux.

SCENE SECONDE.

PALMYRE,

sortant de son état de stupeur.

AIR.

Dieux cruels que j'implore,
En tombant sous vos coups,
Quels biens tiens-je de vous ?
A peine à mon aurore,
La flamme me dévore,
Et tout ce que j'adore
Subit votre courroux ;
Si mon sang vous honore,
Frappez, mais sauvez mon Epoux.

Récitatif obligé.

Mon Epoux !... je crois l'entendre ;
Dans le sein du fleuve embrasé
Il s'apprête à descendre...
Ce feu par moi fut attisé :

Il s'y jette pour me défendre...
Je tremble, & dans mon corps mon sang est épuisé.
Dieux, sur lui la mort va s'étendre.
J'entends le fracas
Des rochers calcinés, qui s'ouvrent sous ses pas...
Je vois les flots brûlans près de lui se répandre...
Arrête : ... je cours dans tes bras...
Je puis suspendre
L'instant de ton trépas...
Mon courage est moins grand, mais mon cœur est plus tendre.
Je vais, ... quoi ! marcher sur ta cendre,
Et fatiguer des Dieux qui ne m'entendent pas !

AIR.

Dieux cruels que j'implore,
En tombant sous vos coups,
Quels biens tiens-je de vous ?
A peine à mon aurore,
La flamme me dévore,
Et tout ce que j'adore
Subit votre courroux ;
Si mon sang vous honore,
Frappez, mais sauvez mon Epoux.

SCENE TROISIEME.

PALMYRE ET AGENOR.

PALMYRE.

Mon Epoux,... je le vois,... le Ciel se justifie.

AGENOR.

J'ai mesuré de l'œil cette plaine flétrie
    Que parcourt la faulx du trépas.
Le temple de l'Amour est loin de l'incendie;
Jusqu'en son sanctuaire ose suivre mes pas.
Toi seule des enfers tu peux calmer la rage;...
    Ce Dieu ne te trahira pas;
Il doit chérir en toi son plus parfait ouvrage.

Palmyre & Agenor quittent la Scène.

SCENE QUATRIEME.

Le Théâtre change, & repréſente le Temple de l'Amour.

PRÊTRESSE DE L'AMOUR.

CHŒUR D'AMANS ET D'AMANTES.

CHŒUR.

Amour, tu rends l'homme heureux,
Malgré les maux de la guerre;
Tu combats avec tes feux
Contre les feux du tonnerre :
Les Dieux règnent ſur la terre,
Et tu règnes ſur les Dieux.

LA PRÊTRESSE.

O Dieu de la tendreſſe,
Ecoute mes accens;
Si mon encens
T'intéreſſe,
De tes feux renaiſſans

Embrafe moi fans ceffe.
C'eft à l'ivreffe
De fes fens
Qu'on doit connaître ta Prêtreffe.

CHŒUR.

Amour, &c.

SCENE CINQUIEME.

Les Acteurs précédens, AGENOR ET PALMYRE.

DUO.

PALMYRE ET AGENOR.

Courbés fur cet Autel que le feu va détruire,
Nous conjurons l'Amour de protéger Phanor
Et s'il voit en pitié la flamme qu'il infpire,
{ Je ne parle point de } Palmyre,
{ Du moins qu'il épargne }
{ Mais qu'il fauve } Agenor.
{ Et qu'il frappe }

LA PRÊTRESSE.

Dans cette retraite tranquille,
Où l'Amour dans nos cœurs épurant le plaisir,
Nous n'offrons point au Ciel de crimes à punir,
 Nous ignorions les maux de la Sicile.
 Sans doute, à l'abri des revers,
 Contre des feux lancés sur des pervers,
Le Dieu que nous servons nous assure un asile.—
Pour vous, jeunes Amans, qui, proche du tombeau,
Voulez de l'avenir entrouvrir le rideau,
Le Ciel va s'expliquer, mais non pas sans nuage :
Le doute qu'il vous laisse en ce péril nouveau,
 Exercera votre courage.
Osez interpréter ses décrets souverains ;
Et dans les longs malheurs dont vous verrez l'image,
 Reconnaissez, s'il se peut, vos destins.

BALLET PANTOMIME
DES AMOURS DE PSYCHÉ.

Le fond du Théâtre, où se trouvaient Agenor, Palmyre & la Prêtresse, représente toujours le sanctuaire du Temple de l'Amour ; mais une toile transparente le sépare de l'Avant-Scène, qui change plusieurs fois de décoration : on voit au travers de cette toile, l'in-

quiétude des deux Amans, l'émotion que ce spectacle produit dans leurs ames, & leurs transports de joie au dénouement. — Il semble qu'un secret pressentiment annonce à Palmyre qu'elle est fille de Psyché. — Lorsque Vénus s'en va, contrainte de pardonner à Psyché, que les Dieux applaudissent au triomphe de l'Amour; que les danses des Grâces & des Plaisirs sont le plus animées, tout à coup le rideau transparent se lève, & la Scène magique disparaît, avec ses Acteurs. Un coup de tonnerre se fait entendre; & une voix qui semble partir de l'intérieur de la Statue, prononce cet Oracle.

L'ORACLE.

Ce coupable climat que Jupiter déteste,
Devenait le tombeau de tous ses habitans:
L'arrêt est modéré par des Dieux indulgens.
Deux victimes fuiront la vengeance céleste;
Et l'autel où Phanor fait fumer son encens,
Est contre le trépas l'asile qui leur reste.

DUO.

PALMYRE.

Quoi! je perdrais Phanor, ou mon Amant!
  Je sens renaître mon tourment.

AGENOR.

Nous n'avons que le choix des crimes.

PALMYRE ET AGENOR.

Dieu cruel, reprends tes faveurs.

AGENOR.

Si l'Amour, aux feux destructeurs,
Ne dérobe que deux victimes,

PALMYRE ET AGENOR.

Dieu cruel, reprends tes faveurs.

Fin du second Acte.

THÉATRE

ACTE III.

La décoration est la même qu'au premier Acte.

SCENE PREMIERE.

PALMYRE ET AGENOR.

PALMYRE.

AIR.

Auprès de mon berceau
Le Ciel a donc placé la fin de ma carrière!
Phanor, ou mon Epoux vont perdre la lumière!

(*Très-lentement.*)

L'effroi me conduit au tombeau...

(*Sur un mouvement rapide.*)

L'effroi me rappelle à la vie...

Cette scène d'horreur par-tout se multiplie.
    Quel fracas dans les airs !
  Comme ces rochers entrouverts,
    L'un sur l'autre se renversent !
  Comme ces flammes se dispersent ! —
  Agenor, des pâles éclairs
  Observe ici le cours rapide ;
    Un jour sombre & livide
  Se répand sur l'univers.
    Une Euménide
  Agite sa torche homicide,
Et présente à mes yeux l'image des enfers.

AGENOR.

(Même air.)

  Auprès de mon berceau
Le Ciel a donc placé la fin de ma carrière !
Où Palmyre, ou Phanor vont perdre la lumiere.

(Très-lentement.)

L'effroi me conduit au tombeau.

(Sur un mouvement rapide.)

L'effroi me rappelle à la vie...

L'activité du feu ne s'est point rallentie :
 L'air même est dévorant...
Vois, Palmyre, près du torrent,
Ces Bergers hâtant leur fuite,
L'un sur l'autre se précipite...
 La terre, soudain,
 De son sein
Vomit un feu qui les dévore :
 Ils s'embrassent encore,
En terminant leurs destins.
 Une Euménide
Agite sa torche homicide,
Comme au dernier des jours qui doit luire aux humains.

PALMYRE, *en montrant l'autel.*

Le voilà donc notre dernier asile...
Mais Phanor ne vient point, & mon cœur est ému.

AGENOR.

Ah ! s'il était ici, serais-tu plus tranquille ?
De mes jours ou des tiens le fil sera rompu :
Le Dieu du mal, déchaîné pour nous nuire,

D'UN SYBARITE.

Na pas voulu que l'hymen de Palmyre
Fût auſſi pur que ſa vertu.

PALMYRE.

Ma vertu,... tu vas la connaître.—
Renoncer, pour elle, à ta foi,
A mon bonheur que toi ſeul ferais naître,
C'eſt me montrer digne de toi.—
Agenor, tu connais les replis de mon ame ;
Je t'aime, & dans ce jour d'effroi,
Mon déſeſpoir augmente encor ma flamme.
Eh bien, de notre hymen laiſſons le ſoin aux Dieux ;
Que Phanor vive & ſoit heureux.
Palmyre à ce vieillard ne doit point la naiſſance ;
Mais d'autres nœuds à lui l'enchaînent pour jamais.
Il forma ma timide enfance ;
Je ne vis que par ſes bienfaits,
Je lui dois tout, juſqu'à mon innocence.

AGENOR.

Eh bien, guide un Amant ;... il n'en rougira pas :
Phanor doit le premier échapper au trépas.
Phanor,... mais je le vois les yeux baignés de larmes.

THÉATRE

SCENE SECONDE.

PHANOR, PALMYRE, AGENOR

PHANOR, *embraſſant les deux Amans.*

DE ces triſtes plaiſirs que je goûte les charmes !..
Mais avant que l'Etna m'ordonne de mourir,
Par des liens ſacrés ma main veut vous unir;
Je demande à tous deux cette faveur dernière :
   Soyez époux un ſeul moment,
   Alors mes yeux en ſe fermant,
Avec moins de regret quitteront la lumière.

Phanor les conduit à l'autel & les unit. L'éruption du Volcan paraît s'appaiſer.

TRIO.

L'Amour ſerre à jamais { vos / nos } nœuds.
   Que Jupiter tonne,
   Que de ſes feux
   L'Etna m'environne :

Que sous les traits des Dieux
   La Nature succombe;
J'entre avec plaisir dans la tombe.
J'ai fait / Nos cœurs   un moment   { deux / font }   heureux.

PHANOR.

Je vois un rayon de lumière :
L'air que nous respirons cesse d'être enflammé.

PALMYRE.

Jupiter, détournant sa foudre meurtrière,
   Par notre hymen serait-il désarmé ?

AGENOR.

Nous espérons en vain, & Jupiter sommeille. —
La terre tremble encor jusqu'en ses fondemens.
Je vois sous ces rochers le feu qui se réveille:
   J'entends au loin de longs gémissemens.

CHŒUR,

*qu'on ne voit point, & que l'Orchestre accompagne
   à demi-jeu.*

Dieu vengeur, suspens ta furie ;

Si tu punis des forfaits,
Punis-les sans barbarie,
Et rends-nous moins amers les maux que tu nous fais.

AGENOR.

C'en est fait : pour ce Peuple il n'est plus de patrie ;
Et le jour à ses yeux est ravi pour jamais.

LE CHŒUR,

encore plus dans l'éloignement.

Dieu vengeur, &c.

PALMYRE.

Je n'entends plus leur plainte douloureuse ;
Sans doute ils sont tombés dans le gouffre enflammé.
L'approche du trépas doit leur paraître affreuse !
Mais ils meurent heureux s'ils n'ont jamais aimé.

AGENOR.

Le dernier désastre s'apprête :
Le Volcan lance ici des rochers en éclats.
Palmyre,... ô ciel ! ils fondent sur ta tête.

D'UN SYBARITE.

PALMYRE.

De ce côté portons nos pas,
Le Ciel y paraît plus tranquille.

Ils vont du côté du Péryſtile, qui s'écroule tout à coup, & les environne de ſes décombres.

Dieux! ce palais s'écroule avec fracas!

PHANOR.

Pourquoi voler au devant du trépas?
Venez: voici votre dernier aſile;
Que cet autel...

PALMYRE.

Non, ne l'eſpérez pas;
Du Ciel d'abord éprouvez la clémence,
Vous, dont la ſage bienfaiſance
Répandit ſes tréſors ſur notre adoleſcence;
Vous, qui mettez Agenor dans mes bras,
Vous à qui nous devons bien plus que l'exiſtence,
N'eſpérez pas de nous trouver ingrats.

THÉATRE

PHANOR.

Récitatif très-rapide.

Vos nobles sentimens attendrissent mon ame ;
Mais pour vous perdre, en vain vous êtes conjurés.
Mes enfans, vos jours sont sacrés,
Et le genre humain les réclame.
Dans ces climats dégénérés,
Où sous nos yeux la Nature succombe,
A quoi sert un vieillard qui penche vers sa tombe ?
Mais ces déserts, par vos mains réparés,
Recouvreront bientôt & leur lustre & leur gloire.
Sur vos nombreux enfans en paix vous régnerez ;
Je suis trop satisfait de vivre en leur mémoire :
Vous pleurerez Phanor ; mais vous l'approuverez,

TRIO.

AGENOR ET PALMYRE.

Non, non, le péril croît sans cesse :
Mon cœur, par piété, doit vous désobéir.

PHANOR.

Vivez... Le péril croît sans cesse ;

Si vous craignez les Dieux, vous devez m'obéir.

(*Ensemble.*)

Vivez; c'est à moi de mourir.

PHANOR.

N'abusez point de ma faiblesse;

AGENOR ET PALMYRE.

Venez jouir de ma tendresse.

(*Ensemble.*)

Vivez; c'est à moi de mourir.

PHANOR, *se laissant conduire à l'autel.*

Un secret mouvement, dont je ne suis pas maître,
M'annonce que les Dieux sont enfin satisfaits.
Je cède à mes enfans, j'accepte leurs bienfaits,
Et l'Amour va les reconnaître.

A peine Phanor est-il sur l'autel, qu'il s'écroule, & fait place à un trône sur lequel l'Amour est assis. Au même instant la lumière renaît, & le Théâtre représente un palais magnifique.

SCENE DERNIERE.

PHANOR, PALMYRE, AGENOR, L'AMOUR
LES GRACES, LES PLAISIRS.

AGENOR.

Mais que vois-je ! quel Dieu s'annonce avec sa Cour ?

PALMYRE.

C'est l'Amour même.

L'AMOUR.

    C'est ton père:
Psyché, tu le sais, me fut chère;
Elle fixa mon cœur, & tu lui dois le jour.
Vénus de mon Hymen s'indigna dans Cythère;

Et, pour te dérober aux traits de sa colère,
Je te fis, en secret, conduire en ce séjour.
Sous l'œil de ce Phanor que la Sicile honore ;
Tes charmes sans péril ont commencé d'éclore.
Il a de ses vertus embelli ton aurore ;
Et la terre lui doit la fille de l'Amour.

PHANOR.

Nous vous devons la paix qui règne en cet asile ;
Mais malgré moi mon cœur est encor agité,
    Ce jour ne luit pour ma félicité,
    Qu'en éclairant les maux de la Sicile.

L'AMOUR.

J'ai fait, pour la sauver, les efforts les plus vains ;
L'explosion des feux que ce Volcan recèle,
    Était écrite au livre des destins.
Tout tombait, sans l'Amour, dans la nuit éternelle :
Agenor & son père, à cette loi cruelle
    Ont échappé par mon pouvoir.
Pour Palmyre, le sort ne pouvait rien sur elle ;
    Et mon Oracle était fidelle,
    Quoiqu'il parût vous ravir tout espoir…
Comme fille d'un Dieu, Palmyre est immortelle.

QUATUOR.

L'AMOUR.

Jouis, belle Palmyre, en ce séjour paisible,
De l'empire que l'homme accorde à la Beauté ;
    Agenor te rendit sensible,
Et ton cœur vaut le don de l'immortalité.

PALMYRE.

Lorsque mon cœur devint sensible,
Je ne soupçonnais pas mon immortalité.

AGENOR.

Palmyre m'a rendu sensible ;
Je partage, en l'aimant, son immortalité.

PHANOR.

Mon cœur glacé devient sensible ;
Je partage, en mourant, votre immortalité.

(*Ensemble.*)

Agenor, &c.

Lorsque, &c.
Palmyre, &c.
Mon cœur, &c.

BALLET.

Danses des Grâces & des Plaisirs.

L'Amour se place sur son trône, entre Palmyre & Agenor.

Une GRACE.

Air de bravoure.

Une rose,
A peine éclose,
Se voit en proie à la fureur du vent;
Tandis qu'au bruit du tonnerre,
La pluie, en torrent,
Courbe vers la terre
Son calice odoriférant.
Mais la clarté, vive & pure,
Du père du jour,
Bientôt la rassure;
Elle reprend sa parure,

Et sourit à la Nature,
Qui lui sourit à son tour.

BALLET GÉNÉRAL

Des Grâces & des Plaisirs.

Fin de la Pièce.

OBSERVATION

D'un Arrière-petit-Fils du Poëte de Sybaris.

ATHÈNES, au temps de sa décadence, soumettait à des loix pénibles le Poëte dramatique, qui cherchait à l'amuser. L'homme de génie avait beau se présenter, ses chef-d'œuvres en main, il avait mille barrières à franchir, avant de voir ses héros admis à monter sur la Scène. Ici, c'était un petit-neveu d'Anitus, qui trouvait, *dans Iphigénie*, des allégories contre Minerve, ou du moins, contre son Hibou. Là, c'étaient des entrepreneurs de spectacles, qui jugeaient *Prométhée au Mont-Caucase*, un mauvais poëme, parce que leurs décorateurs ne savaient faire, ni une montagne, ni un vautour,

Plus loin, on était arrêté par une commission des Juges de l'Aréopage, qui répudiait *Timon le Misanthrope*, parce que l'auteur n'avait pas l'esprit du chef de la commission, qui d'ordinaire n'avait point d'esprit. Tous ces obstacles dégoûtaient l'artiste sensible, qui aurait voulu se faire un nom, en préparant des plaisirs à ses concitoyens. Il brisait, de dépit, ses pinceaux ; ou s'il s'obstinait à lutter contre son étoile, il ne pouvait espérer que de voir sa vieillesse cueillir les palmes qu'il avait semées dans son adolescence.

Bénissons Sybaris de n'avoir point adopté toutes ces entraves, qui retardent l'essor du génie, & qui ne sont utiles qu'à la médiocrité.

Mon bisaïeul présenta, aux jeux de Sybaris, sa *Fille de Psyché*, avec les acteurs qui s'étaient chargés des rôles, l'avant-veille de la fête de Minerve. Le lendemain elle fut adoptée, & le jour de la fête on la joua avec un succès qui aurait flatté davantage son auteur, s'il n'en avait pas partagé la gloire avec son musicien & ses acteurs.

Sybaris ne tarda pas à être détruite de fond en comble ; & voyant les arts en honneur à Athènes, je tentai d'y faire jouer la *Fille de Psyché*. Tous mes efforts, pendant dix ans, ont été inutiles ; les uns m'ont fait un crime de n'être pas mon bisaïeul, les autres m'ont reproché de ne pas travailler pour mon siècle, en faisant des poëmes lyriques, sans paroles. Mais mes vrais délits ont été de n'avoir caressé l'amour-propre d'aucun Protecteur subalterne, & sur-tout d'avoir marché sur la patte de l'épagneul d'une danseuse en faveur ; délits bien plus graves dans une République qui dégénère, que la prétention aux honneurs de la Scène, lorsqu'on n'est ni un Ménandre, ni un Euripide.

Fin du Tome premier.

www.ingramcontent.com/pod-product-compliance
Lightning Source LLC
Chambersburg PA
CBHW060129170426
43198CB00010B/1094